Christianity in Iraq

十字架の道を辿る

『イラクのキリスト教』別冊

[著] スハ・ラッサム
Suha Rassam

[訳] 浜島 敏
Hamajima Bin

キリスト新聞社

Christianity in Iraq Third Edition
by Suha Rassam

Japanese translation rights arranged
with Gracewing Ltd, Herefordshire
through Tuttle-Mori Agency, Inc., Tokyo
Japanese translation by Bin Hamajima

星野富弘「共に生きる―スミレ―2007」（花の詩画集『種蒔きもせず』所収）

共に生きる—スミレ—2007

LIVING TOGETHER — VIOLET —

Tomihiro Hoshino

At the crack of the road
Both ants and violets live together.
Even ants and flowers can help each other,
I wonder why human beings can make war amongst themselves
with no end.

English translation by Yoshiaki Yui

目　次

＊各章の注には原注と訳者注とが混じっている。原注の中で、引用書が挙げられているものの中には、本書では必要ないであろうと判断して省略したものもある。また、キリスト教に不案内な読者、あるいは日本人にあまり親しみのない語句については、訳者注を加えた。訳者注は〔訳者〕としている。注については辞書のほか、インターネットを参照した。「ウィキペディア」と明記していないものについても、参考にしたものがある。

Introduction —— Iraqi Christians 2003-

序　章　イラクのキリスト教徒

——二〇〇三年以降

二〇〇三年のイラク侵攻以来、イラク全体を巻き込んだ無政府状態は収まることなく続いている。殺人、自動車爆発、誘拐、強奪が、バグダード、バスラ、モースルといった主として都市部で多発した。暴力によって国家公益事業が崩壊したことと相まって、人々は日々の生活のために苦闘している。病人の看護、死者の埋葬も時には不可能となっている。二〇〇五年の夏までには、バグダードとバスラの安全は改善したとはいえ、モースルの町では、キリスト教徒に対する新たな暴力の波が押し寄せている。

イラクのキリスト教徒の窮状は、イラクだけの政治的、経済的、宗教的状況にとどまらず、中東全体の問題として理解する必要がある。また何世紀にもわたるキリスト教徒とイスラム教徒間の共存と対抗意識という歴史的現実と関係がある。二〇〇三年三月のイラク侵攻に導いた最大の要因は、政治的、経済的課題ではあったものの、宗教的な要素も見過ごしてはならないし、他の要素とのもつれを解きほぐす必要がある。そして歴史的要素として、イラクのキリスト教徒が、長年にわたり重要な役割を果たしてきたことを、評価すべきであり、忘れてはならない。彼らが、アッバース朝文化の発展に果たした役割（『イラクのキリスト教』2016、第四章参照）、また、現代イラクの形成（同、第七章参照）に果たした役割を見過ごしてはならない。さらにこれまで何世代にもわたるメソポタミアのキリスト教徒が、イスラム支配のもとで、繰り返し虐殺、強制移住、大量殺戮などの迫害を受けてきた悲運の歴史を、われわれは覚えておくべきである（同、第四、五章参照）。この章では、二〇〇三年以降に起こった政治派閥の動きを概観し、その間イラクのキリスト教徒の身分にどのような法律上の変化が生じたか述べていこう。また、迫害や強制移住をもたらし、さらに共同体全体の存続を脅かすことになったさまざまな要因に光を当てることができれば幸いである。

民主主義が公布され、政党の自由、新聞・テレビ放送などの報道の自由、旅行や貿易の自由、私立学校の自由が布告されたものの、国家に安全を確保する能力がないことを考慮すると、その自由も限られたものでしかなかった。同時に、人々の宗教、民族、部族の違いが表面化した。イスラム教の中の二つの主流(1)であるシーア派とスンニ派の亀裂がますます深まり、暴力行為の多くの原因は、その派閥間の緊張によるものとされている。しかし、二〇〇三年以降には、レジスタンスという占領軍に対する政治運動も表面化して、この運動も一気に範囲を拡大し、次第に暴動にまで発展した。これは、バアス党員から始まり、彼らは今も活発に動き回っており、直接資金を調達することができている。そして時が経つにつれ、国家の政治機構の変化を受け入れようとしなかったスンニ派アラブ人を、巻き込むようになった。スンニ派は、一九二〇年代以来、現代イラクを作り上げるための中心的共同体であったのに、新しい状況に対応できず、やがて少数派に落ち込み、全人口の一八・五パーセントにしかならない状況になってしまった。[2] 新興してきたシーア派と強力な占領軍の前には何もできず、無視されてしまい、取り残されるのではないかという不安からイスラム過激派やアル＝カーイダ[3]の仲間と組んで、宗教上の迫害を扇動し、イスラム教徒であるかないかにかかわらず、人々を自分流のイスラム教に転向させようとしている。暴動はアンバール県のファルージャ、ラマーディーに集中していたが、イラクのスンニ派中心地区の暴動が収まると、多くのテロリストがモースルに逃れた。モースルは、以前サダム・フセインや、イラクのアル＝カーイダ発生の地であり、頑強な反乱の前衛地となっていたからである。シーア派とスンニ派の内輪もめと、それぞれの分派が民族浄化政策につながったため、あらゆる信仰・信条のイラク人が近隣の諸国に亡命することになり、人道上の大問題を引き起こした。

　イラクを三つの行政地区に分割する案が明らかにされると、南部をシーア派行政地区、北部をクルド政府、そして中西部と北西部の小さな地域にスンニ派を押し込めることになると多くの人は考えた。イラクが今やばらばらに分断されてしまうと考えると悲しい。北部にはクルディスタンという名目だけの独立国があり、南にはシーア派宗教団体が「イスラム国[4]（Islamic State/

IS)」を作っており、イラクのスンニ派アラブ人が中心になっている中部は事実上、政治真空地帯になっている。民族や宗教の人数割り当てをもとにしたこのような分割は、国全体に不安定をもたらすだけでなく、少数派グループ[5]に不利な状況を作ることになる。その上、権力者は、しばしば、以前のバアス党員であるとか、アル＝カーイダ・テロリストなどの出身である。この地域のキリスト教徒の状況については、本章の別の箇所で詳しく述べる。ここでは、キリスト教徒を含み、どの少数派も「統一イラクの国民」という身分がなくなることで、攻撃を受けやすい状況になっているということだけで十分であろう。この計画に対する抵抗運動は、スンニ派が中心であるが、統一国家のもとで、イラク国民としてのアイデンティティを維持したいと望む声がシーア派やほかの少数派グループからも出ている。

地域の問題が国際的問題と絡み合って混在していることが、この国全体に危機的な状況を作り上げている。シーア派のある人たちがイランと同盟を組んだことで、シーア派の根拠地である南部にイラン人が入ってくるようになった。また、スンニ派がアル＝カーイダと組んだことで、サウジアラビアのイスラム過激派ワハビ部隊[6]（Wahhabi）が加わることになった。トルコはクルド人[7]の影響が拡大することを恐れ、イラク北部の村々を攻撃している。もしキルクークがクルディスタンに渡され、イラクが小地域に分割されるようなことになれば、トルコは、モースルを自分の領土に取り込む用意があると脅しをかけている。ヨルダンは中立を保っており、イラク難民を受け入れている。一方、シリアは難民に同情はしているが、占領政策やイラクを分割することには反対であり、テロリストたちが国境を超えてイラクに侵入することを許している。また時には、イランと協力して、自分たちの目的を達成しようとしている。イラクが重要な産油国であり、原油が豊富であることで、経済的な要素が加わり、国際関係を複雑にし、国の安定に影響を及ぼしている。

シーア派[8]やスンニ派[9]から、さらにクルド人[10]やその他の少数派グループからも、それぞれいくつかの政党が発生した。シーア派とスンニ派の大多数は、シャリーア法[11]に基づく「イスラムの国」を設立することを目標とし、その目的のために強力な民兵を持つことを目指している。それと同時に、シーア派、スンニ派の両党から、政党の組織は持っていないものの、いくつかの民兵組織が生まれており[12]、占領政策や、イラクを分断するという政府の計画に反対している大多数の庶民に強く訴えている。それに加え、非宗教的な国家主義の政党[13]が生まれた。彼らのイデオロギーは、国家統一、政教分離を含んでおり、「イラク人は宗教、民族に関係なく同等の権利を持つ」ということである。これら非宗教的団体は民兵を持たず、支持率が低いことに苦しんでいる。

最近まで、クルドにはクルド民主党（Kurdish Democratic Party/ KDP）と、クルディスタン愛国同盟（Patriotic Union of Kurdistan/ PUK）の二大政党があった。両党とも、イラク北部クルディスタン地域を自分のものにしたいという願望を持っており、強力でまるで軍隊のような民兵組織ペシュメルガ[14]を持ち、実際に数回暴動が起こったものの、クルディスタンをうまく防衛することができている。現在は、クルディスタン地域政府（Kurdistan Regional Government/ KRG）がドホーク、スレイマニヤ、アルビールを完全に制圧している。またモースル、ディヤーラー、キルクーク（紛争地域）を実効支配しており、その地域をクルディスタンに併合しようと望んでいる。しかし、モースルは、スンニ派が多数を占め、相当数のキリスト教徒もいる。他方キルクークは、スンニ派アラブ人が多数いるものの、トルクメン人、キリスト教徒、クルド人が混在している。

クルド人は、キリスト教徒が歓迎すべき存在であると考え、自分たちの支配の下にではあるが、キリスト教徒のために安全な港といえる独立した「地域」の形成を推進している。最近、新しく「変革運動党」が形成された。この党の目的はバグダードの中央政府と緊密な関係を持つことであり、クルディスタンは、統一連邦イラクの中でこそ、その役割を発揮できると信じている。

キリスト教政党[15]も政治の流れに参加している。アッシリア教会がイラクのキリスト教徒の中では政治的に最も活発である。そして自分たちを古代アッシリアの末裔であるとし、そのアイデンティティを声高に主張している。イラクのキリスト教徒の割合からは、少数派でしかないのにもかかわらず、彼らはイラクのキリスト教徒全員を「アッシリア人」と呼んでいる。実際には、カルディア教会がほとんどであり（前掲書第七章参照）、続いてシリア・カトリック教会、シリア正教会、古代東方教会があり、ほかに小さな諸教派がある。初期の政党の一つは、「アッシリア民主統一党」といい、二〇〇三年以前に結党され、バアス党時代には抑圧されていた。イラクの大多数のキリスト教徒は、政党に入っていないし、イラク人であるということのほかには、特別にアイデンティティを要求することはなかった。二〇〇三年以降、カルディア教会が「カルディア民主党」と「統一カルディア民主党」を結成した。後者は、カルディア市民権を求め、シリア・カトリック教会とシリア正教会は「独立シリア運動」を結成した。加えて、クルディスタンに住んでいた多くのキリスト教徒は、クルド人の主流政党に加わっている。注に掲げた多くのキリスト教政党はクルド人の支援を受けており、彼らの支配のもとで、キリスト教地域を作る計画に従っている。（このことは、章を改め、あとで詳しく述べる）。どのキリスト教政党も弱く、自衛のための手段として民兵を組織するだけの余裕がない[16]。彼らはほかの有力な政治権力の援助を受けるか、あるいは彼らの権利を守ってくれる民主国家の中でなければ生存できない。

キリスト教指導者たちは、政治に参加するだけの体制が整っていなかったが、政治舞台に顔を出さざるを得なくなった。それはキリスト教政党に力がない上に、キリスト教政治家間の分裂がひどかったからである。また、これらの政党が、自分たちが責任を持つべきキリスト教共同体全体の代弁をしていなかったからである。イラクのカルディア教会司教たちは、連合軍暫定当局（CPA）の長であるポール・ブレマー氏に特別の書簡を書き[17]、カルディア派キリスト教共同体の重要性を強調した。カルディア派はイラクのキリスト教人口の多数を占めており、国家のさまざまな歴史段階において、国の発展のために、主要な役割を果たしてきたと説明した。カルディア人は、イラク最初の住民であり、古代文明の担い手であったのに、暫定当局が生まれたとき、当局に何度も訴えたにもかかわらず、代表権を与えられず、無視されたことに対する不満を表明した。イラクが王政のもとで民主国家であった時代には、キリスト教徒は国会で八～一二の議席を持っており、上院ではカルディア教会総大司教がキリスト教徒の代表者となっていたことを忘れないでほしいと訴えた。彼らは、人々のために政治的決断がなされるときには、自分たちの声を反映させてほしいと声を上げ要求した。また、現在のキリスト教政党は、イラクのキリスト教多数派を代表していないことを力説した。また教会はその指導者も信徒も含め、一世紀以来ずっとイラク発展のための建設的な力を発揮してきたことを強調した。またイラクにもともといたキリスト教徒はアッシリア人であり、カルディア教会や、シリア正教会とかシリア・カトリック教会のようなほかの教派は単にその亜流にすぎないというような誤解が一般に通用していると強調した。彼らはこの呼び名はほかの教派を排除するので受け入れられないと指摘した。キリスト教徒のことを「アッシリア人（Assyrians）」と呼ぶことに反対する意見に答えて、今では、イラクのキリスト教徒は、公式には、「カルド＝アッシリア・シリア語使用者（Chaldo-Assyrian and Syriac people）」と呼ばれるようになった。宗教指導者たちは、キリスト教共同体が細分化し、政治的にばらばらになっていることについても述べている。キリスト教共同体が小さい分派や政党でばらばらになってしまうことは、誰の役にも立たない。むしろ、全員が、一致協力して、お互いを尊重し合い、ほかの人たちの模範となって、国の再建に尽くすようにと訴えている。残念ながら、このような目標を達成するために、キリスト教の全教派を一致させようという同意のもとに決められた指導者は見つかっていない。二〇〇三年の占領以来、形成された政府に、キリスト教代表者として送られている者は、おもに「アッシリア人」であり、代表者としては不適切である。

注

（1）［訳者］イスラムの二つの主流派（Two major sects of Islam）：イスラム教は、七世紀にムハンマドを最高の預言者とし、そのムハンマドを通じて唯一の神アッラーが伝えた言葉「クルアーン」を信じ従う宗教である。ムハンマドのように神の言葉を広める最高指導者をカリフという。四代目カリフのアリーの死後、カリフはムハンマドの子孫から選出するべきだと考えるシーア派とみんなが話し合って適切な人を選出するべきだと考えるスンニ派が現れた。シーア派は、預言者ムハンマドの血縁を重視して、後継者は血を受け継ぐ子孫だとする。一方のスンニ派は、「慣行」を意味する「スンナ（Sunna）」、そしてそれらに従う人を意味する「スンニー（Sunnī）」に由来しており、ムハンマドに由来する慣行に従う共同体こそが、イスラム共同体であるべきだという認識を持っている。ムハンマドが打ち立てた「慣行（スンナ）」や教えを受け継ぐことを重視したスンニ派と、ムハンマドの血統を受け継ぐことを重視したシーア派に分かれた。シーア派の人たちは、イマームという新たなリーダーの地位を作り、死んでしまった四代目カリフのアリー（ムハンマドの従兄弟）を初代イマームとし、そのアリーの息子のハサンという人を二代目イマームに任命した。血筋関係を重視しないスンニ派の人たちは、ウマイア朝という政府を作った。世界のイスラム教徒人口は約一六億人。うち九割がスンニ派だが、イラクは国民の六割をシーア派が占める。イスラム国（IS）は「スンニ派」。なお、大別するとシーア派とスンニ派であるが、両派から分派が発生している。シーア派系には、12イマーム派、イスマイール派（7イマーム派）、ザイド派、ニザール派、ドルーズ派など。スンニ派系には、ハナフィー派、シャーフィー派、ザーヒリー派、カダル派、ムルジア派、アシュアリー派などがある。両派に共通して存在するのがスーフィー思想である。またサウジアラビアの国教はスンニ派であるが新教義に基づくワッハーブ派を自称している。

（2）各派割合（ratio of sects）：シーア派アラブ人五五％、スンニ派アラブ人一八・五％、クルド人二一％（多数はスンニ派、少数のシーア派とヤズィディー教徒）、キリスト教徒三・五％、トルクメン人二％（シーア派とスンニ派）。

（3）［訳者］アル＝カーイダ（Al-Qaida）：イラクのムスアブ・ザルカウイ（Mus'ab al-Zarqawi）に率いられマジリス・ショウラ・ムジャヒディーン（ムジャヒディーン諮問委員会）とも呼ばれる組織と密接に結びついている。彼らはイマーラの原則（政教分離に反対）を守り、アミール（神学用語で、地方の戦士団を指揮する議論の余地のない指導者）の指示によって行動している。いくつかの小軍団があり、ジャイシ・アル・スンナ（スンナ人民軍）とかジャイシ・タイファ・マンソウラ（勝利党軍）

などと呼ばれている。

（4）［訳者］イスラム国（Islamic State）：イスラム教スンニ派の過激派組織である。前身は二〇〇三年以降イラク北部でテロ活動を行っていたアル＝カーイダ系テロ組織「タウヒードとジハード集団」である。二〇〇四年に「イラクの聖戦アル＝カーイダ組織」と改名し、イラクに訪れる外国人を次々と誘拐し、米軍をイラクから追い出す活動を行った。その後もさまざまなテロ組織と合併し、組織名を「ムジャヒディン諮問評議会（ＭＳＣ）」、「イラクのイスラム国（ＩＳＩ）」と改名するとともに、組織の目標も「中東に真のイスラム国を建国する」という内容に変わっていった。イラクで不利な状況に追い込まれていた同組織は、二〇一三年、内戦の続いていたシリアへの介入を決断した。シリアで活動していた同じアル＝カーイダ系のテロ組織「アル＝ヌスラ戦線」と合併し、イラクとシリアのイスラム国（Islamic State of Iraq and Syria/ ISIS）が誕生した。イスラム国の目的は、イスラム圏を統一し、イスラム法に則った国家を設立することである。ウサマ＝ビンラディンが率いていた国際武装組織アル＝カーイダと違うのは、イスラム国には、領土に関する目標があり、社会構造を作る意志もあること。バグダーディーは、自らが預言者ムハンマド（イスラム教の開祖）の後継者である「カリフ」であると宣言し、二〇一四年六月二九日に「国家樹立」を宣言し、名称を「イスラム国（Islamic State/ IS）」に改めた。しかし、イスラム教の社会の中でも、国際社会の中でも、当然、国家として認められてはいない。それぞれの時代に「イラクのイスラム国」（Islamic State of Iraq/ ISI）から始まり、「イラクとレバントのイスラム国」（Islamic State of Iraq and the Levant/ ISIL）、「イラクとシリアのイスラム国」（Islamic State of Iraq and Syria/ ISIS）、「イラクとシャルムのイスラム国」

(Islamic State of Iraq and Sharm/ ISIS) などと呼ばれていた。米国では今も「ＩＳＩＬ」と表現されることがある。

（5）イラクの少数派 (minorities in Iraq)：(宗教) キリスト教徒 (Christians)、マンダ教徒 (Mandaeans)、ヤズィーディー教徒 (Yazidis)、シャバク教徒 (Shabak)、フェリ・クルド教徒 (Feli Kurds)、バハイ教徒 (Baha'is)、ユダヤ教徒 (Jews) がある。(民族) トルクメン人 (Turkomans)、パレスティナ人 (Palestinians)、アルメニア人 (Armenians)、シャバク人 (Shabak) がある。

（6）[訳者] ワハビ部隊 (Wahhabi)：イスラム教多数派スンニ派の原理主義宗派で、サウジアラビアの国教。戒律が厳しい。強烈なイスラム復古主義を唱えた同派教祖ムハンマド・イブン・アブドル・ワッハーブは、十八世紀半ば、サウジアラビア・ネジド地方ダルイーヤの一地方豪族だったサウド家（現サウジ王室）に身を寄せた。以後サウド家のサウジアラビア半島武力制圧地域拡大に伴い半島内に広がった。ワッハーブ派のイマーム（教主）はサウド家の首長、つまり国王が代々受け継ぐ。したがって、サウジ国王は俗権と教権をあわせ持つ。

（7）[訳者] クルド人 (Kurds)：トルコ・イラク北部・イラン北西部・シリア北東部等、中東の各国に広くまたがる形で分布する、独自の国家を持たない世界最大の民族集団である。人口は二五〇〇万～三〇〇〇万人といわれている。中東ではアラブ人、トルコ人、ペルシャ人（イラン人）の次に多い。宗教はその大半がイスラム教に属する。

（8）シーア派政党 (Shia Parties)
①ダアワ党 (Al-Dawa Party)：パリ逃亡中のホメイニー (Ayatollah Khumaini) が設立した。その

後ホメイニーは、一九八〇年、イランを掌握した。この党の目的は、政府を組織するウラマーによってイスラム統治を行うことである。この党のイラク代表はイブラヒム・ジャファリ（Ibrahim al-Ja'fari）である。〔訳者〕ウィキペディア：ホメイニーはウラマー（イスラム法学者）に基づくべきと考えていたのに対し、ダアワ党はウンマ（イスラム教共同体）つまり人々に基づくべきであると考えていた）。

②イラク・ダアワ・イスラム党（Al-Dawa Islamic Party of Iraqi）：ダアワ党と同じ原則であるが、イラクに合うように修正している。ヌーリー・マーリキー（Nouri al-Maliki）が指導。

③イラク・イスラム最高評議会（Islamic Supreme Council of Iraq/ ISCI）：以前は「イラク・イスラム革命最高評議会（Supreme Council of the Islamic Revolution in Iraq/ SCIRI）と呼ばれていた。その目的は、ウラマーではなく、イスラム教共同体の代表者によって形成される政府の支配によるイスラムの国を設立することである。イラクでは、アブドゥル・ムーシン・ハキムが指導者となった。一九八二年、イランに亡命中の彼の父ムハンマド・バキル・ハキムが設立した組織である。バドル旅団という強力な民兵組織によって支えられている。

④イスラム崇拝党（Islamic Virtue Party/ IVP）：指導者はムハンマド・アル・サドレ。南部シーア派の貧しい人たちの支持を受けており、サダム運動に対抗するために組織された。

（9）スンニ派政党（Sunni Parties）

①イラク・ムスリム・ウラマー協会（Association of Muslim Scholars/ AMS）：シーク・アヤシ・アル・クバイシが、「占領に対する押さえきれないレジスタンスこそイスラム教徒の義務である」と

いう考えのもとに組織したもので、反乱をこの党のイスラム原理としている。現在の党首は、タリク・アル・ダーリである。

②イラク・イスラム党（Iraqi Islamic Party/ IIP）：イスラム同胞団より枝分かれした党である。現在の党首はタリク・アル・ハシミである。

③イラク国民運動（Iraqi National Movement/ INM）：二〇〇一年、ハテム・ムハリスの指導によって、イラク国民会議（Iraqi National Congress）より分裂したスンニ派イスラム教徒と政治指導者たちによって構成されている。イスラム教を国家宗教とし、ほかのあらゆる信仰を尊重する立場を強調する。

（10）クルド人政党（Kurdish Parties）

①クルド民主党（Kurdish Democratic Party/ KDP）：クルディスタン地域大統領マスード・バルザニ（Masood al-Barzani）の指導。強力な民兵組織を持っている。

②クルド愛国同盟（Patriotic Union of Kurdistan/ PUK）：一九七五年に、五つの党が連合した結果生まれた党。指導者はジャラル・タラバニで、現在イラクの大統領である。強力な民兵組織を持っている。

③変革運動党（Change Movement Party/ Gorran Party）：ＰＵＫの前指導者であり、タリバン側近であったナウシルワン・ムスタファ（Nichervan Mustafa）が率いている。新しい党ではあるが、最近の暫定選挙で議席の二五％を占めた。民兵を持たず、クルド人が統一連邦イラクに留まる必要性を強調する。民兵がないのは、イラク軍がすべてのイラク国民を護るべきであると考えているからで

ある。

(11) [訳者] シャリーア法（Shari'a）：クルアーンと預言者ムハンマドの言行（スンナ）を法源とする法律。イスラム法学者が法解釈を行う。イスラム法を解釈するための学問体系（イスラム法学）も存在し、預言者ムハンマドの時代から一〇〇〇年以上、法解釈について議論され続けている。法解釈をする権限はイスラム法学者のみが持ち、カリフが独断で法解釈をすることはできないとされる。

(12) 民兵（自警団・軍隊）組織（militant groups）

①サドリスト運動（Al-Sadrist movement）：ムクタダー・サドル（Muqtada al-Sadr）に率いられた運動。彼は、イラク統一を主張し、ばらばらになることに反対し、人民の多数に呼びかけ、デモや抗議運動に動員した。その民兵組織マフディー軍はサドル市やバグダードのほかの地域、シーア派の南部を制圧し、多くの暴行に責任がある。このグループは、二〇〇八年以来、政府の封じ込めにあい、指導者のムクタダーは国を出てイランに逃れた。また南部のシーア派の貧しい人たちの間から、サドリストと肩を並べる同様のグループが出現し、「イスラム崇拝党（Virtue Party/ Al-Fadhila Party）と呼ばれた。その目的は、シーア派の南部からサドリストの影響を減らすことであった。

②スンニ派には次の三つの大きな武装グループがある。

(1)イラクのアル＝カーイダ（Al-Qaeda）

(2)以前のバアス党の情報機関メンバーや軍の将校たちによって組織されている民兵組織。彼らは、さまざまな名で呼ばれている。ジャイシ・イスラミ・イラキ（イラク・イスラム軍）、ジャイシ・ウマール（オマール軍）、ジャイシ・ムハンマド（ムハンマド軍）、キタイブ・サウラト・イシュリーン（一九二〇年反乱大隊）など。

(3)アル・シャホワ運動：アンバールその他の種族から発生した。アル＝カーイダ軍組織に対抗するためにアメリカ軍と取引をした部族シークで組織されている。

(13) 非宗教的政党（Non-religious parties）

①イラク国民一致党（Iraq National Accord/ INA）：一九九〇年一二月にアヤド・アラウィによって結党。目標は、民主的非宗教的国家の建設であり、宗教や民族を超えて、すべての国民が同等の権利を持つ国家建設である。

②イラク国民会議（Iraq National Congress/ INC）：一九九二年一〇月、サラフディンで開かれた会議に反対することで生まれた。その目標は、イラクが民主的で多元的共存の連邦国家を目指す。シーア派、クルド人、スンニ派からなる指揮組織があり、宗派と民族の構成人員に比例して構成される執行委員会があった。党首はアハマド・ハラビである。

③民主中道派（Democratic Centrist Tendency）：自由民主主義のアドナン・パハヒによって設立された。

④イラク共産党（Iraqi Communist Party/ ICP）：一九三四年創設。現在の書記長は、ハメード・マジェード・モウサ。二〇〇三年のアメリカ主導の侵攻には反対しているものの、占領後、創設された新しい政府機構とは協力しようとした。

⑤イラク立憲君主制（Iraqi Constitutional Monarchy/ ICM）：イスラム教を土台とした民主イラクの一致を強調する。一九三三年に現代イラク政府を形成した王家の子孫であるシャリフ・アリ・ビン・

アル・フセインを指導者としている。

(14)［訳者］ペシュメルガ（Peshmerga）：クルド語で「死に立ち向かう者」の意）。クルディスタン地域政府が保有する軍事組織。一九二〇年代から活動を続けており、一五万人〜二〇万人と、主要先進国一国の陸軍兵力あるいは総兵力に相当する人員数を擁する。

(15) キリスト教政党（Christian Parties）
①アッシリア民主運動（Assyrian Democratic Movement/ ADM）：現在の党首は、バグダードのイラク国会議員であるヨウナディン・カンナである。この党は、一九七九年、政治運動として生まれ、一九八二年には、クルド人各党と協力して、イラク・バアス党政権に対して、武力闘争を始めた。現在は、中央政府でスンニ派、シーア派と同盟を結んでいる。目標は、真の連邦イラクを作り上げることで、バグダードの中央政府の支配のもとでキリスト教徒が完全な権利を持つことである。その政権ではアッシリアの文化が尊重され、学校ではシリア語が教えられるようになることである。
②メソポタミア民主党（Mesopotamian Democratic Party/ MDP）：ベト・ナハライン民主党とも呼ばれる。党首はクルディスタン地方政府議会（Kurdistan Regional Government/ KRG）の議員であるロメオ・ハッカリである。
③アッシリア愛国党（Assyrian Patriotic Party/ APP）：党首は、現在ＫＲＧの観光・遺跡大臣であるニムロデ・ベトである。
④統一カルディア民主党（United Chaldean Democratic Party/ UCDP）：党首はサイド・シェマヤであり、カルディア派の代表である。

⑤ベト・ナハライン愛国統一党（Patriotic Union of Bet Nahrain）：党首は、ギワルギス・ホシャバである。
⑥カルディア民主党（Chaldean Democratic Party/ CDP）：創設者はアブドゥル・アハド・アフラム・サワであり、カルディア派の代表である。
⑦独立シリア運動（Independent Syriac Movement/ ISM）：創設者はイェシュ・マジド・ハダヤであるが、二〇〇七年の初めに殺害された。シリア正教会とシリア・カトリック教会の代表である。
⑧アッシリア・ユニヴァーサル同盟（Assyrian Universal Alliance/ AUA）：党首はイランのイスラム会議のメンバーであり、イランのヨウナディン・ベト・コリアである。アッシリア東方教会とマル・ディンハと同盟を結んでいる。
⑨アッシリア総会議（Assyrian General Conference/ AGC）：党首はシカゴのイシャヤ・イショである。この党は、クルド人、現イラク政府、占領に反対している。イラク外から働きかけ、シリアとイスタンブールに本部がある。イラク北部に完全なキリスト教地区を作ることを目標としている。
⑩カルディア・シリア・アッシリア協議会（Chaldean, Syriac, Assyrian Council）：政党ではないが、KRGのもとでキリスト教地区を作ることを支持するあらゆるキリスト教団体を含んでいる。ジャミル・ゼトが中心となり、サルキス・アガジャンの支持を受けている。
(16) イラク北部のキリスト教徒の地域では、地域の人たちが攻撃を受けやすい自分たちの村や町を過激派の攻撃から身を守るために守備団を組織した。しかし、モースルやニネベ平原のまわりの村々を護るという主たる仕事は、クルド人のペシュメルガの手に落ちてしまった。後には、イラク軍のクルド人

主力の部隊の手に落ちた。キリスト教徒の保護などというものは、どこにもない。特に、バグダード、モースル、バスラのようなキリスト教徒が多いところではそうである。

(17) 暫定政府ができるまでは、占領軍によって暫定統治評議会が組織され、そのメンバーに含まれたキリスト教徒は、アッシリア人ヨウナミン・カンナ一人であった。最初の選挙によるバグダード中央政府には、移民担当大臣パスカル・ワルダがおり、二〇〇六年以後は、時期をおいて四人の大臣がいた。人権担当大臣ウィジダン・ミハエル、冶金大臣ファウジ・フランソ・ハリリ、科学技術大臣バシマ・ヨウシフ・ペトロスである。バグダード中央政府の代表議員には、国会議員二七五人の中で、二人のキリスト教徒の議員がいる。ヨナダム・カンナとアブラハド・アフラム・サワである。

The Situation of the Christian Communities from 2005 to 2009

第一章　キリスト教共同体の状況
――二〇〇五年より二〇〇九年まで

1　いばらの道

暴力と不法が日常茶飯事となっている中で、キリスト教を含む非イスラム共同体は、イスラム教徒よりも多くの苦難を受けている。国際マイノリティ権利協会[1]のプレティ・タネハ（Preti Taneja）氏は、次のように述べている。「イラク人全体が暴力の脅威にさらされているが、攻撃の対象が信仰の異なっている者たちに向けられていると信じるに足る証拠がある」。国際ガバナンス・イノベーション・センター[2]のムフタリ・ラマニ氏も同じようなことを述べている。「イラクの少数者はとんでもないほどの暴力に直面している。そのように脅迫することで、彼らは、少数派の人たちを永久にイラクから追い出そうとしている」。

イラクのキリスト教徒が、ほかの人たちよりも非難されやすいのには、いくつかの理由がある。

まず、キリスト教が十字軍(3)を連想させるからである。その思考は、イスラム諸国にとって根強いものがあり、烙印を押された状態がずっと続いている。イラクのキリスト教徒は、この状態には失望させられている。彼らは十字軍を送り出した国々とは地理的に遠く離れており、十字軍に巻き込まれたことはなかったからである。二番目の理由は、彼らが西側の文化に寛大であり、宗教も似ていることから、キリスト教が、西側と同一であると勘違いされているからである。さまざまな反米、反政府運動が起きているが、アメリカ人にコーヒーを出しているカフェの掃除夫や教会の警備員や通訳者のような一般の人たちが襲われ、彼らを恐怖に陥れている。彼らが西側のスパイであるとか、同調者であるというのである。三番目の理由としては、アルコールの製造・販売、楽器のレンタルや販売、理髪店の営業などの「非イスラム的」であると考えられている仕事に主としてキリスト教徒が従事しているからである。そのような仕事をしているキリスト教徒が、真っ先にイスラム教徒から攻撃される。四番目の理由は、キリスト教徒が集中して住んでいるのが、バグダード、モースル、バスラなどの都市部であって、もともと暴力がはびこっているため、目標にされやすいのである。キリスト教徒は、平和主義者で、自衛する民兵を持たないので、簡単に押さえつけられる。がんこな保守的政治思想や、宗教思想の持ち主であろうと、単なるこそ泥であろうと、攻撃者にとっては、「良い鴨」なのである。第五番目の理由は、「イスラムの国」を作りたいと願っているイスラム過激派は、特にキリスト教徒や少数派の人間を攻撃目標にしている。彼らは少数派のグループを憎しみに満ちた言葉を使って脅迫し、彼らを国外に追い出すことを目的としているからである。スンニ派、シーア派に限らず、過激派組織は、家の壁に落書きをしたり、紙に書いたビラをドアの下から差し込んだり、携帯電話にメールを送りつけたりしている。そこには、キリスト教徒は、ズィンミー(4)であり、国の保護を受けたければ、ジズヤ(5)を支払うべきであるとはっきり書かれている。またキリスト教徒は、イスラム教徒の土地や人心を汚染する不信者であるとも述べており、その伝えるところは明白である。すなわち、「イスラムの土地を出ていくか、もし留まりたいのであれば、イスラム教を受け入れ、それに服従せよ」ということである。ミナレット（モスクの塔）からムッラー（法学者）の放送する声が聞こえる、「キリスト教徒は不信者であって、彼らを殺し、その財を奪うのは、ハラル（正統）である」。また、「キリスト教徒とスパイ殲滅部隊」と自称するグループは、次のようなプラカードを立てている。

少数派であるキリスト教徒がイスラムの地、特にわが国において、平和な生活を享受している。キリスト教徒は、国家の高い地位に就いている。しかし占領軍がわが国に入ってきたとき、彼らのイスラム教徒に対する悪意が明らかになった。占領軍はキリスト教徒の通訳を通して、イスラム教の情報を入手し、大いに助けられた。教会は、福音主義者（＝プロテスタント）を受け入れ、腐敗とポルノを街中にばらまいた。キリスト教徒が占領軍の手先になったお蔭で、イスラム教徒が逮捕され、女性は犯され、家は破壊された。

憎しみに満ちた言葉が発せられ、残虐行為が起こると、直接対象となった人たちだけでなく、キリスト教共同体全体に恐怖の波が押し寄せ、何千人もの人たちが恐怖で逃げ出した。バグダードで民族浄化が始まると、シーア派とスンニ派両者の過激派が共に相手を脅し、どちらもそこを追い出されることになったが、それらのテロリストは、今度はキリスト教徒を脅迫し、追い出すことになった。本拠地を追い出されたスンニ派やシーア派の人たちは、それぞれ自分たちの派が有力な地域に移動さえすれば、ある程度の聖域として、反対派から身を守ることができるが、キリスト教徒には、そのような場所がない。あるキリスト教徒はクルディスタンに逃れた。確かにほかよりは安全であったが、結局のところ、安全だと思われていたクルディスタンが、勘違いであったことは、後ほど述べることにする。

本書の第一版は七章で終わっていたが、二〇〇四年九月以降、何百人という人たちが、拉致され、拷問を受け、殺害された。五人の指導者たちが、殺され、一二人が拉致された。また六〇カ所を超える教会、礼拝所が破壊され、痛めつけられた。大量の保証金が、怯えているキリスト教徒から巻き上げられた。特にモースルがひどい。フレッド・アプリムが、二〇〇三年以後、攻撃を受けた教会と殺害されたキリスト教徒のリストを作っているが、インターネットで見ることができる。このリストはメディアに報道されたり、アプリムに伝えられたりしたものだけである。英国国会議員エドワード・リーは、北部イラクを訪問し、『カトリック・ヘラルド』紙の中で、二〇〇三年以後、約四〇万人のキリスト教徒が国を離れたと報告している。その他のキリスト教徒たちは、怯えながら生活し、大多数の人たちは家を失った。

これから、二〇〇五年以後、キリスト教共同体に関連して起こった出来事の詳細を述べることにする。

（1）二〇〇五年

一月一八日、シリア・カトリック教会のモースル大司教区のジョルジュ・カスムーサ司教が拉致された。国や教皇を含む国際宗教指導者たちが声を上げたため、拉致されて二四時間以内に解放された。激しい反キリスト教運動があったことを思えば、この事件を除けば、二〇〇五年は比較的静かな時期であった。一月の末、イラクのキリスト教徒は熱心に選挙に参加し、さまざまなルートを通して、憲法やイラク統一、政府の体制がどうあるべきか、またキリスト教の地位に関して、自分たちの考えを発信していた。

憲法暫定案に対して、イラクにいるあらゆる教派のキリスト教指導者たちが、二〇〇五年六月に統一声明を出した。その中で、独立国家として憲法の重要性を強調する必要があり、宗教団体の法的地位の重要性を表明した。キリスト教徒たちは、隣人であるイスラム教徒と仲よく過ごしてきたし、困難な時代には、国民の一致こそが、統一の力であり、キリスト教徒は、宗教の自由と文化の自由を確立するために協力すると述べた。イラク社会においてイスラム教の役割を確立する必要があるとすれば、昔からイラクに存在していた他の宗教の役割も保証することが重要であるとも述べている。彼らは、イラクにおいて、あらゆる宗教の統合者であられる唯一の神に対する信仰によって、イラクが調和の精神で導かれる国になり、自分たちも完全な権利が持てるようになることを願うと強調した。

われわれ、イラクのキリスト教徒の霊的指導者が願うのはただ一つのことである。それは新憲法のもとで、イラクの伝統に基づき、統一した国家建設のための、統一した一つの国民としての権利であって、それ以上は何も求めない。この願いには、いかなる宗教や民族にも差別がなく、公平にして同等の機会を与えられ、政治力を行使することができる国家という理念が含まれている。

憲法の最終案が公示されたとき、多くのキリスト教徒は、宗教上の指導者や人権活動家たちと声をそろえ、第二条一項の「イスラムの教義と矛盾するような法律は通過させてはならない」という条文に関して、危惧を表明した。この条文の二項には、「民主主義の原理に反する法律は通過させてはならない」とあり、三項では、「人権の原則に反する法律は通過させてはならない」と定めてはいるものの、二条が非イスラム教徒をズィンミーとして下層民にしてしまう法律を施行するための門戸を広く開くことになり、法律上の議論に影響を与えることになりかねないとして、それを削除するか変更することを求めた。第二条の解釈は憲法第九二条によって構成されるイラク最高法廷の解釈如何にかかっている。少数派は、司法官（裁判官）の職を得ることが困難になり、法廷システムの中で声を上げることができなくなるのではないかと恐れている。

（2）二〇〇六年

二〇〇六年の間に、イスラムの二つの主流派[6]から分れた分派は、民兵の力を借りて、民族浄化を行い、スンニ派だけの地域とかシーア派だけの地域を作ろうという試みがなされた。スンニ派は、キリスト教徒人口の多いドラ（Al-Dora）地区など、バグダードの南部および西部地域を支配下に置いた。ドラはクリスチャン人口が広く行き渡った地域であって、二つの大聖堂、いくつかの教会、カルディア派神学校、バビロン神学校があったことから、イラクのバチカンと呼ばれていた。

二〇〇六年の夏、スンニ派の過激派組織が、ドラで民族浄化を始めた。最初は、壁の落書きには、「ドラは、スンニ派とキリスト教徒のみ」と書かれており、シーア派は家を強制的に出なければならなくなった。そのすぐ後、「ドラは、スンニ派のみ」と伝えられ、キリスト教徒は、「イスラム教に改宗するか、そうでなければ出ていけ。出ていかないと、その結果はどうなるかわかっているだろうな」と脅迫されて、家を追い出された。金がなく、ほかに行くところもない人たちはイスラム教に改宗することに同意したものの、聖戦（ジハード）[7]に加わることが求められ、娘にはムジャヒディン（戦士）と結婚することが求められた。

バグダード博物館前館長のドニー・ジョージ博士は、私が通っていたロンドン大学東洋アフリカ研究所（School of Oriental and African Studies/ SOAS）で大聴衆を前にして、彼が、どのように退職させられ、ドラを出なければならなくなったかを語る講演を行った。彼は、民兵が人々に銃口を突きつけて、「イスラムに改宗するか、出ていけ」と無理矢理家から追い出されたときの恐怖を語った。その結果、何千人という人たちが、とるものもとりあえず家を離れた。わずかばかりのあり金を全部持って、命の危険を感じながら逃れた。彼らは極端な貧困と屈辱で打ちのめされた。

困窮状態に陥ったドラのキリスト教徒のほとんどは、近隣の国、主としてシリアに逃れた。そのときまでは、ヨルダンは、イラク人には国境を閉鎖していたからである。ある者は、より安全なバグダード地域とかイラク北部に行った。わずかばかりの蓄えを使い果たして、西側諸国の親戚の支援を求めた者もいた。外国に親戚がない者は、やむなく物乞いになったり、臓器を売ったり、不法を行うことになった。またある者たちは、死ぬにまかせられた。実際、大勢の人たちは、自分の家で殺されたり、避難している途中で亡くなったりした。

西側の固定観念に基づいて、イスラム教徒が漫画化され、イスラムの預言者たちはテロリストだとする漫画が、デンマークの新聞に掲載されると、次々と教会が襲われた。イラクのキリスト教指導者たちがこぞって、そのような活動を公然と非難したにもかかわらず、である。二〇〇六年八月に、教皇ベネディクト十六世の発言に続いて、バグダードやモースルで司祭たちの誘拐や殺害が頻発するようになった。五人のカルディア教会司祭が誘拐され拷問を受けた。中には、身体的、精神的なダメージを受けた者もいる。プロテスタントの牧師ムンディール・サッカが一〇月二六日に、シリア正教会司祭プーリス・イスカンデルが一一日に殉教した。プーリス・イスカンデルは、一〇月九日、月曜日に誘拐され、二日後、頭部が切り取られ、手足がバラバラにされた彼の遺体が発見された。

この残虐行為に対し、キリスト教指導者は苦情を表明し、イラク政府や占領軍当局に保護を求めた。レーゲンスブルクにおける教皇ベネディクト十六世の講演に続いた暴力事件に対しては、イラク・カトリック司教会議が次のような公式表明を行った。

教皇ベネディクトがレーゲンスブルクで行った「神の顔」という講演[8]の反応について、教皇が原因であるとするメディアの報道に反対する。理由もなく、他者を攻撃、侵害することは、神に対する反逆行為である。あらゆる種類の権利の侵害は、すべての天的宗教が証明するように、神の意志に反する。これこそが、教皇聖下がイスラムとクルアーンについて述べたことである。皇帝インマヌエルの口から出た言葉は変わらなければならないし、宗教の過激主義はムハンマドが教えたことと異なるとも表明された。真の信仰は、人々を責任ある人間にする。過激思想やテロは、クルアーンの教えをねじ曲げ、神の顔も曲げている。聖下の考えはゆがめられ、何世代にもわたって愛と理解のもとで、兄弟として暮らしてきたキリスト教徒とイスラム教徒の間に分裂を起こし、無政府状態の種を蒔こうとするものであって、ねじ曲げられた思想である。教皇はイスラム教徒を愛しておられ、アラブ人やイスラム教徒の権利を守っておられる。

これらの攻撃が、重要な転期となって、バグダードやモースルの町の教会活動が事実上麻痺してしまった。キリスト教徒は、礼拝所が攻撃されることには耐えられるが、聖職者たちが攻撃目標にされることには、耐えられない。したがって、カルディア教会総大司教はカルディア神学校とバビロン神学大学をバグダードの中心地から、クルディスタンのアルビールのアイン・カワ地区に移した。それ以後、これらの施設は正常に運営されている。

（3）二〇〇七年

二〇〇七年には、さらに聖職者を標的とする事件が起きた。ラグヒード・アジズ・ガンニ神父とその教区の三人の助祭たちが、六月三日のミサ終了後、聖霊教会をあとにしたところで、冷酷きわまりない殺害にあった。殉教した助祭の一人の妻で、今は未亡人となった夫人が、そのときの様子を伝えている。彼女の言葉によれば、彼女がラグヒード神父、夫である助祭とほかの二人の助祭と一緒に車に乗っていると、武装した人たちが車を止め、みんなに降りるように命じた。女性たちが連れていかれると、一人の男がラグヒードに向かって大声で叫んだ。「教会は閉鎖するように言っておいたはずだ。どうしてそうしなかったのか」。ラグヒードは一言答えた。「神の家をどうして閉じておいて良かろうか」。彼はすぐ地面に押さえつけられ、武装した一人が発砲し、四人とも殺害された。次いで、暴徒らは車のまわりに爆薬を仕掛け、誰もその場に近寄れないようにした。夕方パトカーが現場に来るまで、死体はそのまま放置されていた。ラグヒード神父はモースルで生まれ、キリスト教の環境で成長した。エンジニアを目指して、モースル大学工学部を卒業したが、やがて司祭になる決心をした。彼はローマに派遣され、グレゴリアン大学で神学を学び、エキュメニカル神学を学び修了した。彼は七年後にイラクに帰り、二〇〇三年、三一歳で司祭の任命を受けた。彼はアラビア語、英語、フランス語、イタリア語を流暢に話し、若者と教会一致のために貢献した。彼は危険な地区で働いていることを承知してはいたが、その働きを続け、助祭たちが、彼の護衛として、そばを同行していた。彼はイタリアで開かれた聖体会議に出席したが、その会議で、次のような発言をしたことが記録されている。「テロリストたちは、われわれを脅して、われわれの肉体を殺し、脅かすことで霊をも殺すことができると考えているかもしれませんが、日曜日には教会は人々で溢れています。テロリストはわれわれの生命を奪うかもしれませんが、聖体がそれを取りもどしてくれるのです」。

ローマで五月に、ラグヒード神父の犠牲を記念して、「キリストの証人、昨日と今日の殉教者たち」という会議が開かれた。イスラム教徒である彼の友人キクラニ教授が、墓の向こうの彼に弔辞を述べた。「犯罪者たちが発砲したときに、君のそばにいてやれなかったことを許してほしい。……君の聖く、無垢な身体を貫いた弾丸は、私の心と魂をも貫いた」。

（4）二〇〇八年

イラクのバグダード、バスラやその他の場所で、治安が改善したという報道が出された、まさにその直後の一月に、バグダードとモースルにあった六つの教会と一つの女子修道院、一つの孤児院が襲撃された。続いて、二月には、モースルのカルディア教会のファラージ・ラホ大司教が誘拐された。十字架の道行きの礼拝の後、彼が、モースルの大聖堂から外に出ようとしたとき拉致された。運転手と二人のボディ・ガードが彼の目の前で銃殺され、彼は銃口をつきつけられて引っ張られていった。誘拐者が誰であるかは確認されていないが、身代金として、一〇〇万ドル以上を支払うよう要求し、イラクのキリスト教徒には、アメリカ軍に対する反米運動に参加するように伝えた。大司教は心臓病を患っており、医療が必要であったので、仲介者に間に入ってもらい、彼と話すことを求めたが、彼らはそれを拒絶した。大司教は誘拐される前、親戚や上位の聖職者に対し、誘拐されても金は払わないようにと伝えていた。身代金は支払われることなく、数日後、モースル郊外の浅く掘っただけの墓で彼の遺体が発見された。彼は六七歳で殉教したが、誠実で、平和と対話の人であり、その生涯は信仰の証であった。[9]

大司教の死体からは弾丸は見つからなかったが、イラク政府はこれを殺人と断定した。世界中のメディアがこの犯罪を報道し、彼の死は単なる治安問題として片付けてはならず、キリスト教徒に対する計算された計画的組織犯罪であると伝えた。その言葉の通り、同年の九月と一〇月には、モースルでキリスト教徒殺害の波が押し寄せた。まず九月二日に最初の殺害があり、次々と殺害が発生し、一〇月九日までに殺害された人の数は九人に達した。街のスピーカーからは、キリスト教徒を威嚇し、家を出るようにという放送が流された。一〇月一一日には、戦士が、住民を立ち退かせたあと、三つの家を爆破した。これで殺害された人の数は一三人に達した。また八〇〇家族のキリスト教徒が命からがらモースルから逃げ出したと伝えられた。一〇月一五日までには、殺害の波は収まったが、ペースは落ちたものの、家を離れる者の波は続いた。一〇月一六日、イラク当局は、約一三九〇家族、八三〇〇人以上が、その前の週にモースル地域を出たと伝えた。一〇月二〇日までには、モースルを逃れた人の数は、一万五〇〇〇人にもなった。一〇月二三日、あるキリスト教徒とその息子が殺されたが、詳しいことはわかっていない。殺害は最近頻発しているキリスト教徒に対する暴力事件の一つと考えられた。一一月六日までには、人々はモースルの家に帰りはじめたが、帰宅した人たちへの脅迫や暴力沙汰は報告されていない。治安が改善されたのは、モースル地域の警備を補強するために三〇〇〇人の国家警察がバグダードから派遣されたことによるものと考えられている。ヌーリー・マーリキー（Nouri al-Maliki）首相は、この問題を調査する委員会設置を指示したが、国内に反キリスト教徒運動があることは否定した。また副大統領が、この地域の宗教代表者と会談し、連帯のメッセージを伝えた。「間違っても、イスラム教徒によるキリスト教徒反対の宣伝作戦があるなどと考えてはならない。われわれの兄弟であるキリスト教徒を殺害している犯罪者たちが、自分たちの政治目標を達成するために行っている宣伝作戦にすぎない」。

時事解説者の中には、こういった攻撃をアル＝カーイダのせいであると非難する者もあり、また、クルド人と関係があるのではないかと推測している者もいる。キリスト教徒をクルディスタンに引っ張り込み、次の地方選挙で、クルド党を支持するように強要しようとする政治策略ではないかというのである。家を破壊された六九歳になるある老女は、「武装兵が私の家に押し入り、家を爆破する前に、家の者たちを追い出したが、彼らはへたなアラビア語を話し、アラブ人というよりは、どちらかというとクルド人戦士のように思えた」と伝えている。ニーナワー県の知事は、キリスト教徒の家を襲って、モースルを出るように強要している場面の動画に、クルド人ペシュメルガ(10)が写っているのを見た、と言われている。また新聞は、イラク保安部隊が殺害の関係者を六人逮捕したが、そのうち四人は、クルド地域政府（ＫＲＧ）の民兵とのつながりがあり、アル＝カーイダとは関係がなかったと報道している。ある専門家は、キリスト教徒から安全を奪い、実態人口統計のデータを変えて、クルド人の有利なように操作していると、クルド人司令官を非難している。クルド人がキリスト教徒をモースル平原に集め、究極的には、クルディスタン政府を完全掌握したいという計画があるという主張を、クルド人当局は強く否定している。

一方、アル＝カーイダ関係者を含むスンニ派原理主義者は、モースルのキリスト教徒を脅迫し、この流れが始まるずっと前からジズヤを徴収しており、実際には、どちらに責任があるのか見極めるのは困難である。

このような後退があるとはいうものの、キリスト教指導者たちが、憲法五〇条削除に反対する抗議に対し、二〇〇八年九月二四日のイラク国会が答えたことは、われわれにとって励みになる事柄であることを述べておく。この地方選挙法の条文は、国の少数派が政治に参加することを保証し、地方議会でも少数派の議席を確保するというものである。遂に、五〇条が承認され、バグダード、バスラ、モースルにおいて、それぞれ三人のキリスト教徒を含む六人の議席が割り当てられた。次いで、あまり問題のない県の選挙が二〇〇九年一月三一日に行われた。二〇〇三年の地方選挙と違い、スンニ派も参加した。サコ司教は三人の議員だけではキリスト教徒の意見を政府に聞いてもらうことは難しいとは述べているが、インタビューの中で、楽観的な意見を述べている。「この選挙は前向きで積極的であり、はっきりした前進である。これはわれわれにとって新しい経験である。完全なものは何もない。われわれキリスト教徒が得た席は少ないかもしれない。しかし、まだ始まったばかりである」。彼はまた少数派グループであっても、生粋の忠実な市民として、政府の中に代表を送ることを支持したイスラム教聖職者や政党指導者を讃えている。

（5）二〇〇九年

二〇〇九年は、ときおり自動車の爆破事件があったものの、バグダードの治安状況は、概して安定していた。しかし政府が、開放政策を採り、政策の変化が現れはじめ、次の総選挙では、あらゆる政党に開かれたものにしようという、希望の光が見えはじめていたまさにそのとき、キリスト教共同体に対する暴力事件が、再発した。七月一一日、土曜日、午後一〇時、バグダードにある教会の内部で二つの爆弾が破裂した。それと同調するかのように、七月一二日の夕方、バグダードのほかの五教会、モースルの一教会でミサからみんなが帰るときに爆発が起きた。四人の人が亡くなり、多くの負傷者が出たと伝えられた。モースルで攻撃を受けた教会はシーア派のモスクのそばにあり、これも被害を受けた。本当のねらいが教会であったのか、モスクであったのかははっきりしない。そして次の日、キルクークのキリスト教高位役員が殺害された。

これらの攻撃は、米軍がイラクから撤退しはじめて二週間以内に起きた。英軍はすでにバスラからの撤退を終わっていたし、アメリカ軍は二〇一一年までには完全撤退をすることになっている。まだバグダードに残っている人に聞いたところ、みんなは米軍の撤退で状況が悪化するのではないかと心配し、恐れている。『アジア・ニュース』とのインタビューで、総大司教輔佐司教ワルドニ氏は、控えめに述べている。

個人の問題に留まらず、国全体の利益のために、みんなが和解し、協力し合う新しい時代が来るという希望がある……しかしみんなが恐怖感を持っている……内側からも外側からも脅威に襲われ、未解決の問題が山積みとなっていて、平和の道に障害を与えている。政府が状況安定化のために尽くすであろうことはわかっているが、目標が達成できるかどうかはわからない。隣接している国々が否定的であることの影響が心配である。イラク軍だけでは、秩序を保つことは難しい。積年にわたる民族分断のため、スンニ派、シーア派、アラブ人、クルド人、トルクメン人の間の溝は深まり、複雑になって、悪化するばかりである。それはキリスト教徒内部でさえも見られる現象である。

サコ司教は、こう述べている。「人々は将来のことを心配している。昨日は、キリスト教徒の家族が、子供を最初のミサに与らせるための教理問答の授業に出席させなかった。何が起こるのかわからず、不安で恐れていたのである。将来にあまり自信が持てないのである」。

キルクークの大司教は、最近何十という惨事を引き起こした攻撃を引き合いに出し、イラク政府に、「この事態に強力に対処し、指令どおりに事が処理されているかどうか、責任を持って、その推移を見守ってほしい」と力説した。

マーリキー首相は派閥主義からイラク統一を強調する方向に方針を変更した兆候がある。二〇〇九年の地方選挙運動の際には、自分の所属している「イラクのダアワ党」ではなく、「法治国家」としての立場を打ち出した。シーア派との連携から離れて、統一国家の方に方向転換したことで、彼は多数の議席を獲得することができたのであろうと解釈されている。しかし、せっかくの彼の努力も、バグダード市内で公共の施設や礼拝の場所がねらわれる暴力事件が増えていることで、阻まれている。選挙の日程は、二〇一〇年一月から三月に変更された。私がこれを書いている今、モースルとキルクークの雰囲気は緊張が続き、キリスト教徒の状況は不確実な状態が続いている。モースルで、前の地方選挙で勝利を得たスンニ派は、現在クルド人が民兵ペシュメルガを使って実効支配している紛争地域、特にモースル市のティグリス川の東の全域を手放すよう、クルド人を説得している。キルクークでは、市全体の将来が不安定になっている。というのは、ここは、民族的にも宗教的にも、さまざまな人たちが住んでいるからである。キルクークには、さまざまな民族や宗教グループがあるため、町全体としての将来が安定していない。そこには、アラブ人、トルクメン人、クルド人、またキリスト教徒やほかの少数派グループもいる。クルド人は何としても、この地域をクルディスタンに併合したいと願っており、二〇〇三年以来、民兵であるペシュメルガが町を不法占拠している。この計画に対する、アラブ人とトルクメン人のレジスタンスは激しくなっている。トルクメン人は、「イラクのトルクメン前線」を作り、トルコの援助を受けて、クルド人が町を支配するのを阻止している。この町の困難な状況をはっきりさせるための国民投票の提案が、二〇〇七年に出されたが、未だに実行されていない。

2　キリスト教徒とクルディスタン

二〇〇三年の米英軍侵入以来、クルディスタンの治安状況は、イラクのほかの地域よりも確かに良くなっている。その理由の一つは、一九九一年の第一次湾岸戦争以来、ここが飛行禁止空域となっていたため、自治を保っていたことが挙げられる。また軍隊といえるほどしっかりした民兵組織ペシュメルガが、テロリストの活動を防ぐために大変有効な働きをしている。しかし、これでクルディスタンが完全に安全であるということではなく、誘拐、殺害、爆発などは散発的に発生しているし、クルディスタンに通じる道路は危険である。

クルド人は、概してキリスト教徒を歓迎しているし、KRG政府に入っているキリスト教徒も数人いる。[11] 財務大臣の援助で、多くのキリスト教徒の村が再建され、昔の教会や修道院が再建されている。二十世紀にクルディスタンの村々に住んでいたキリスト教徒は、以前の居住地に戻り、新しい村々には、そうでない人々が入っている。この政策で、クルディスタンが比較的安全であることから、バグダード、モースル、バスラを追い出されたキリスト教徒家族を引きつけ、クルディスタンに住むようになった。その影響で以前アルビールの中で主としてキリスト教地区であったアンカワ地区が、都市のサイズにまでふくれあがり、追放されたキリスト教徒が住むようになり、カルディア神学校、カルディア神学大学が建てられている。彼らのウェブサイトであるankawa.comは、最も進歩したウェブサイトであり、一般のニュースだけでなく、主要政治家やイラク・キリスト教徒有力者のニュースやインタビューを伝えている。イシュタル・テレビ・チャンネルは、やはりアンカワから発信されているが、世界中にニュースを伝えている。ザーホーやドホークのようなクルディスタンのほかの町でも、キリスト教徒は繁栄している。

しかしクルド人国家に少数派を取り入れて、勢力を拡大しようとしている計画であることを考えると、クルディスタンにおけるキリスト教徒の状況は不確実であると言わざるを得ない。彼らは、将来、連邦イラクの中でクルド人としてのアイデンティティを確立することを主張している。彼らの最終目標は、クルディスタン独立国(12)である。公用語はクルド語であり、クルディスタンに住みたい者は、その地域のクルド当局に登録しなければならない。また、どんなに低い仕事であっても、仕事を得る前には、公認の政党に所属しなければならない。シリア・キリスト教徒が優勢である地域の学校ではシリア語が教えられているが、アラビア語は禁止されている。イラク国旗はほとんど見られないが、この地域の民族旗はあらゆる場所で見られ、クルディスタンとほかの地域とのチェックポイントは、まるで二つの国の国境さながらである。クルド人は、現在キリスト教徒やほかの少数派をクルディスタンに吸収した上で、人口を増やし、地域勢力の拡大をねらっている。彼らは、キリスト教徒を歓迎しているが、それはキリスト教徒が正直で、よく働き、問題を起こさず、多くの専門家がいるからである。また彼らはキリスト教徒を保護することで、実質的には、彼らにクルド人になってもらうことが目的であり、それを期待している。これは、アラビア語しか使っていないキリスト教徒や、アラビア語話者であろうと、シリア語話者であろうと、自分の国は「統一イラク」であると信じている者には受け入れがたい。モースル出身で、アルビールで数年間働いていたアラビア語話者である一人の医師が、ロンドンを訪れたときに話してくれたことによると、彼女は、二〇〇六年の選挙に登録しようとしたが、「何人（なにじん）ですか」という欄に「アラブ人」と書くことは許されなかった。「何と書くの」と聞くと、「あなたはクリスチャンでしょう。だったら〝アッシリア人〟と書きなさい」と言われ、彼女が、「でも私はシリア・カトリック教徒で、アッシリア語（現代アラム語）は話せません」と言うと、「だったら勉強しなさい」というのが答えであった。

現在のクルド政府が宗教に寛大なのは、外国の福音宣教師たちの影響であり、イスラム教からの改宗を許しているし、イラクの主流派教会とは関係のない独立したクルド教会（クルド語教会）の設立を許していることからもわかる。クルド政府の首相が、「イスラム教国でありながら、どうしてこんなことが許されるのか」と問われると、彼は、「テロリストになるよりは、キリスト教徒になる方がましだ」と答えた。クルド人がキリスト教に寛容であることは歓迎すべきことであるが、イスラム過激派から報復されるかもしれないという恐れがある。すでに彼らは改宗者（イスラムからキリスト教）を脅しており、イラク人に対して、彼らを殺すのが自分たちの使命であることを忘れるなと威嚇している。クルド人の中にイスラム原理主義者が少数いることはよく知られており、クルディスタンで、シャリーア法[13]を押しつけようとしている。これ以前のクルド人による反キリスト教運動は、一九九〇年代半ばまで続き、そのときは、クルド人の二つの主な政党が衝突していたときで、クルド人イスラム・テロリストは、アルビールでヴェールをかぶっていない女性たちに硫酸をぶっかけた。

クルド人が領地を拡大し、モースル、ディヤーラー、キルクークの一部を含めたいという計画が、キリスト教徒に不安と恐れをもたらしている元凶である。キルクークについて、カルディア派ルイス・サコ司教は、「キルクークは、民族的にも、宗教的にも、一様ではない。イスラム教徒やキリスト教徒もいれば、カカイ人、クルド人、アラブ人、トルクメン人、カルディア人、アッシリア人、アルメニア人もいる。独立した一つの行政区になるのか、それともクルディスタンと併合するのか、あるいは隣接するスンニ派にくっつくのか」と述べている。クルディスタン地域で、クルド人によるアラブ人やキリスト教徒に対する襲撃が伝えられている。北部イラクを訪問した英国下院議員エドワード・リー氏は、少なくとも五八のキリスト教徒の住む村で横領が行われていると報告している。二〇〇八年一一月に、モースルでキリスト教徒に対する攻撃を始めたのが、クルド人だと考え、クルド人を非難している人たちは、いわゆるクルド人が支配する北部とバグダードに本拠を置くアラブ人の国との間に置かれた「安全な港」と呼ばれる緩衝地域を強化し、クルド人が自分たちの勢力地域にしてしまうのが狙いであると見ている。ここに住むキリスト教徒を守ると約束することで、クルド地域に住むキリスト教徒を使って、バグダードからの自治を求めているKRGを支持させようとしている。これらの出来事によって、クルディスタンにいるキリスト教徒が攻撃を受けやすい存在になっていることを強調していることになる。

同化されることよりさらに危険なのは、イラク全土のキリスト教徒を、ニネベ平原[14]の一カ所に集め、自治州とする計画である。そのような計画が、シーア派同意のもとに、占領軍とクルド人とあるキリスト教政党の人たちとの間で、合意に達していたようである。しかし計画者たちの間で、そのような州をクルドの支配に置くか、バグダード中央政府の支配下の自治区としてイラク連邦の中に置くかで、意見が一致しなかった。その議論は今も続いており、住民投票をすることが提案された。

KRGのキリスト教徒政治家サルモス・アガジャン・メメヌ氏とロメオ・ハッカリ氏は、憲法にモースル平原をKRGの支配下におくという一文を加えてほしいと要求を出している。というのは、この地域はクルディスタンの主張する「拡大国境」の内側にあるからであるという。マーク・ラティマー氏とのインタビューで、アガジャンはこう述べている。

われわれキリスト教徒は、ニネベが、われわれの地域であると考えている。歴史を通じて、われわれは自分の土地を追われ、別の場所に住むことを余儀なくされてきた。サダム・フセインが、北部のクルド人とキリスト教徒をアラブ化するために起こした軍事行動からわれわれが逃れたときもそうであった。この地域は、力づくで否応なしに、アラブ人に分与されたものである。今やおよそ三五〇〇のキリスト教家族がモースルとバグダードから出て、ニネベ平原に落ち着いている。

キリスト教政党の中で、唯一人イラク中央国会議員であるアッシリア民主運動の議長であるユーナディン・カンナ氏が、バグダード中央政府のもとでの独立州設立を推進している。他のほとんどの政党はＫＲＧのもとでの県設置を推進してきた。しかしキリスト教政党を含み、多くの政党の態度が変わってきた。特に二〇〇八年にモースルからキリスト教徒が強制的に立ち退きをさせられ、それがクルド人のせいではないかという疑いが持たれてからはそうである。

キリスト教地区を作ろうという計画には、イラクのスンニ派の人たちは概して反対であるが、特にモースルのスンニ派は強硬に反対しており、キリスト教徒の多くも反対している。その上、トルコは、モースルがトルコ領の一部であると長年主張してきている。それは、第一次大戦停戦後、アラブ軍の助けを得て、英国が占領した場所だったからである。終戦後、国際連盟の特別の裁定によって、イラクに与えられたものである[15]。この決定は、住民投票の結果定められたものであるが、それには、モースルのキリスト教徒による投票の影響があった。トルコがクルド人の計画を阻止し、それを覆そうと動くのも間もないことであろう。トルコは、クルド人が侵攻してくるのを防ぐため、イラク国境の村々にはすでに砲撃を加えてきた。もし、キリスト教徒が、クルド人と同盟を結べば、より大きな苦しみを受けることになるであろう。第一次大戦前後は、クルド人もトルコ人も同様にキリスト教徒に対しては残酷であった。トルコ政府はクルド族独立の主張に反対し、クルド人と戦ったものの、十九世紀と二十世紀には、トルコからキリスト教徒を追い出すためにクルド人とは同盟を組んでいたのである。

イラクのキリスト教徒の大多数はどの政党にも属していないし、自分たちだけの地域に住むことを望んでいない。これにはカルディア教会、シリア・カトリック教会、シリア正教会とか、アッシリア教会のような主流の教会にとどまらず、小さな教派の教会も同様である。彼らはこのところイラクの各地で、イスラム教徒と隣り合って、友好的に平和のうちに共存してきたので、特別地区に無理矢理住まわせられなければならない理由がわからない。そのような計画が、実行されるようなことになれば、KRGだけでなく、西側の力に守ってもらう必要がある。そのような関係が生まれたら、彼らがスンニ派アラブ人から引き離されることになる。西側に近づくことで、過激イスラム教徒に、キリスト教徒は西側の協力者であると確信を持たせることになり、誤った非難を受けることになるだろう。

これらの事柄に対して、キリスト教の指導者たちの間では意見はさまざまである。しかし大多数はキリスト教徒だけの「安全な港」という考えには反対である。カルディア教会のマル・イマヌエル三世デリー総大司教[16]は、キリスト教徒が危機にさらされているときに、援助を与えられたことで、財務大臣サルキス・アガジャン氏に感謝の言葉を伝え、最近では、他のイラクのカトリック司教たちと一緒になって、「安全な港」という考えに反対する文書に署名した。古代東方教会、シリア・カトリック教会とシリア正教会の指導者たちも、デリー総大司教と同様に、「安全な港」に対し、疑念を表明している。しかし、アッシリア東方教会とその総主教マル・ディンハ四世は、クルディスタン政府を支持しており、キリスト教自治区をクルド人の下に置く計画に賛成している。

アッシリア教会を除くほかのすべての教派の指導者たちは、二〇〇四年一二月一二日という早い時期に、「安全な港」に対してすでに危惧を表明している。

われわれの国で起こっていることに対し、悲しみを表明する。われわれは宗教や民族に関係なく、すべての人に平等と正義を保証する独立した統一イラクを強く支持する……平和と和解を確保すべく宗教間の対話を進めるために……教会の指導者を通して、教会の声に耳を傾けてほしいと思っていることを、あらゆる人に知ってほしい。教会の教えも、われわれの主の言葉である聖書から霊感を受けたものであり、その政治的、社会的、道徳的方向性を与えられている。主の言葉こそ、正義と友愛と普遍の幸福に根ざした平和そのものである。

カルディア派のルイス・サコ・キルクーク司教は、そのような包領[17]が、キリスト教徒ゲットーであると表現し、パレスティナとイスラエルのように、終わりのない暴力の応酬になる危険をもたらす。彼が繰り返し言っていることは、イラクのキリスト教徒が長続きする平和の中で生きていける唯一の道は、イスラム教徒の兄弟と平和に暮らし、強力で民主的な政府建設に向け、共に働くことである。イラク全土がキリスト教徒だけでなく、全国民のための安全な港となることを求めていくことである。二〇〇七年一月一六日のアジア・ニュースのインタビューで、彼は次のような危惧を述べている。

キリスト教徒がゲットーに押し込まれてしまう危険性がある。イラクを分割することは、トルコ、イラン、シリアのような近隣諸国に重大な影響をもたらすことになる。クルド人は、それらの地域で自治と独立を求めているが、それぞれの政府がそれに反対している。……この考えが実行可能となるためには、保証が必要である。現在、クルド人とアメリカはこれを好ましいと考えているが、これは危険な計画である。私の考えでは、憲法の認めるレベルで考えるべきであり、どの地域にいても、キリスト教徒も含め、宗教の如何を問わず、信教の自由と平等と同等の権利を保障されることの方が好ましい。

シリアのカルディア教会のオード司教も同様のことを述べている。

モースルのスンニ派はいわゆる「安全な港」を、キリスト教徒を攻撃する口実にするであろう。彼らは、「ほら、キリスト教徒はわれわれからの独立を求めている。止めさせなければならない」と言うであろう。キリスト教徒は他のあらゆる人たちと共存しなければならない。それこそがキリスト教徒としてのあるべき姿である。

次の声明は、この問題に関して、イラク北部のザコ、アルビール、キルクーク、アマディア地域のカルディア派司教たちが、二〇〇七年七月二日に、アイン・シクニー村に召集した特別集会で出した声明である。「キリスト教徒のための特別安全な港をニネベ平原に作るという考えを拒否する。というのは、イラク全土がわれわれの祖国であり、国のどこにおいてもイラクの兄弟姉妹たちとキリスト教徒とが安全で平和に住めるようになることを希望するからである」。

バグダードのラテン教会のジーン・スレイマン大司教が、この件に関し、二〇〇八年九月、ロンドン訪問中に次のような発言をした。

ニネベ平原にキリスト教自治州を作るということに関して――イラクのカトリック教会の司教とあらゆるキリスト教会の指導者たちの集会において、この解決策は拒否された。これはゲットーのようになり、キリスト教徒を社会的、文化的に孤立させることになるからである。キリスト教徒は少数派として生きるのではなく、国家に根ざした権利と義務を持つ市民として生き、自分たちの理想と提案と奉仕のできる完全なイラク国民として、イラクの直面している混乱に立ち向かうことが重要である。

たとえ、現在キリスト教徒がクルディスタンで平和を享受しているとしても、彼らが、自分たちの願望を達成したことにはならない。スンニ派のアラブ人との関係が傷つく。また、その自治州は大きさが足りず、全キリスト教徒が住むには狭すぎ、安全と社会的・経済生活を十分備えることを保証することもできない。家を追い出され、やっと辿り着いた地にも住むのは難しい。家も工場も仕事も病院やその他のものも十分ではない。そこに辿り着いた多くの人たちは、今や再びその地を出て、国外移住を待つ難民となっている。

3　強制移住――人道的な重大問題

二〇〇三年のイラク戦争の戦中・戦後に起こった暴力の結果、四〇〇万人に及ぶあらゆる宗教、宗派のイラク人がイラク国内外に強制移住させられたと推定されている。一カ所で起こったことは、どこにいるキリスト教徒にも当然影響を与えたとはいうものの、最初は誘拐、強奪、その他の暴力行為を受けたのは個人であった。ところが、民族浄化運動が始まると、多くの人たちが、「家を出ろ、そうしないと……」と脅されて、土地を出ることになった。キリスト教徒は、特に標的とされ、憎しみの罵倒を浴びせられ、憤りを感じている。教会が破壊され、聖職者が殺害されるようになると、恐怖を感じた。モースルでラグヒード・ガンニ神父とラホ司教が殺されると、キリスト教徒は自分たちに対する攻撃であると感じ、次は自分の番ではないかと感じるようになった。実際にモースルでジズヤが徴収されるようになると、自分たちの蓄えをテロリストに渡すよりは、シリアに渡した方がましだと考えるようになった。個人的に直接脅しをかけられたことがなくても、あらゆる人たちが心理的な恐怖を感じ、自分たちの共同体はもうおしまいだと感じとった。キリスト教徒の人数は減少していたし、国の構造や人々の考え方が大きく変わってしまったからである。彼らは、自分の国では、もうキリスト教徒としては住めないと考えて逃げ出した。

政治的には無視され、同化政策が行われるようになると、キリスト教徒はますます疎外され、新しいイラクは自分たちが受け入れられる場所ではないと確信するに至った。そればかりでなく、この国からの少なくともシーア派、スンニ派、両派の原理主義者は、キリスト教徒をこの国から排除することをもくろんでいると感じとった。

最初に彼らが避難した国は、ヨルダンであったが、間もなくヨルダンがイラク人に対して国境を閉鎖したため、次の目的地はシリアになった。二〇〇六年の夏にバグダードのドラ地区で、民族浄化が始まると、何千人というキリスト教徒が、わずかな蓄えを持って、シリアに赴いた。彼らは、西側にいる親戚とか慈善団体の援助のお蔭で生き延びてきた。レバノン、エジプト、トルコ、湾岸首長国などほとんどの隣接する国々は、イラクのキリスト教徒難民を受け入れた。これらの国々では、正式には「難民」とは考えられておらず、「客」として扱われている。ということは、彼らは働くことができず、ビザが切れると、逮捕されかねず、罰金を支払わなければならなくなるということである。警察につかまるのではないかと恐れて、アパートを出られない。女性は身を隠して、やっと買い物とか小荷物の引き取りのような最小限必要なことだけをする。国により、特にレバノンでは、法外な罰金を支払うことができず、多くの人が投獄された。

イラクのキリスト教徒で、国を逃れた人たちの正確な数も、国外での難民の数もわかっていない。カルディア教会のアンドラウィス・アブーナ司教は、二〇〇六年に、イラクのキリスト教徒の半数が国を離れたと伝えている。最近まで首都には不釣り合いなほど多くのキリスト教徒が住んでいたが、七五パーセントもの人たちが町を出たとも言っている。多くの人たちは必ずしも国外に出たわけではなく、比較的安全な地方に逃れた。アブーナ司教は、さらに続けてこう言った。「今われわれが聞いているのは、イラクのキリスト教徒への警鐘である。われわれのような小さな共同体から、これだけ多くの人が去っていくのは、イラクの教会にとって危険である」。二〇〇七年、移民・移住担当大臣のスポークスマンは、「少数派共同体の約半数が国を逃れている」と報告している。

二〇〇六年一一月「苦境にある教会支援（Aid to the Church in Need）」が、シリアだけでも三万五〇〇〇人の難民がいると伝えている。しかし私が二〇〇八年にシリアを訪れたとき、その数字はもっと高く、一〇万人ほどがシリアの各地に逃れており、特にダマスカスに集中していること、また近隣のほかの国にもほぼ同数の人たちが逃れていると告げられた。これらは概算でしかないが、国連の報告によると、イラク難民の中のキリスト教徒の割合はほかの難民よりも大きい。二〇〇三年一二月に国連難民高等弁務官事務所（ＵＮＨＣＲ）が記録を始めてからの報告によると、キリスト教徒人口は全人口の四パーセントにも達していないのに、二〇〇六年の最初の三カ月にヨルダンとシリアに逃れたイラク難民の四四パーセントは、キリスト教徒であるとしている。逃亡し難民として登録された人の数は、二〇〇六年にピークに達したが、彼らはバスラ、モースル、バグダードのあらゆる地域から出た人たちの数字であって、ほかの難民より割合は少ない。『インディペンデント』紙は、イラク少数者に対する窮状について特別記事を書いている。「イラク侵入者（主として米軍のこと）とグルだとみなされ、誘拐や殺害の標的にされやすく、暴力の波によって国外に追い出されている。……彼らには、彼らを保護してくれる民兵も部族もいない」。

ワシントンの国連難民高等弁務官マイケル・ガボーダン氏が、二〇〇六年一二月一五日には、米国連合通信社（ＡＰ）に語っている。「一年前には、キリスト教共同体の窮状は、あまり知られていなかったが、状況は変わってきた。彼らが迫害されている証拠が明らかになってきたからである」。

ゼニス通信社は、イラクにおけるキリスト教徒の状況を強調して、繰り返し報道している。二〇〇六年一二月には、シリアにおけるキリスト教徒が直面している重大危機を伝えている。また、シリアのカルディア教会アントワヌ・オード司教が人道的支援プログラムを、特に首都ダマスカスで始めたことを伝えている。そのプログラムでは食料品、救急病院治療が提供され、取るものもとりあえず、家を出たために、誰の助けも得られない人たちへの救援活動のための資金も分配されている。

二〇〇七年四月一六日、ジュネーヴにおいて難民問題に関する会議が開かれ、イラク人に対して人道支援をする必要があることが確認された。その報道によると、「一般のイラク市民が基本的生存の危機に直面している」と報告されている。「米国オープン・ドア」のカール・メーラー博士は次のように報告している。

世界中のキリスト教徒に対するオープン・ドアの使命は、イラクのキリスト教徒の窮状を、世界中のキリスト教徒に知らせることである。彼らと争っているイスラム教過激派によって、締め出されて、生存さえ危ぶまれる状態になっている。……イラク社会においては、キリスト教徒が安心して過ごせる場所は、誇張なしにほとんど残っていない。

私は、二〇〇八年四月に、夫とシリアの難民を訪れ、多くの恐ろしい話を聞かされた。アレッポでは、何度も脅迫にあって、モースルから逃れてきた家族に会った。五人の子供連れの母親の話であるが、一年間、毎月バラクラバ帽(18)をかぶった男が玄関にやってきて、ジズヤを取り立てた。子供のうち三人は西側に逃れた。そして彼女と夫はほかの子供たちと一緒にアレッポに向かった。多額の金を支払い、次に何が起こるかびくびくしながら生きていくという状態は、もうそれ以上無理であると考えたからである。アレッポで、夫は一万ドルで手に入れた不法パスポートでスウェーデンに行った。私が彼女と話したときには、彼女はこの情報は誰にももらさないようにと私に頼んだ。その後、彼女は夫に再会することができたので、今は、この話をすることができる。彼女と二人の子供たちは、夫がスウェーデンで難民の身分を確保するまで一八カ月の間、自給しなければならなかった。

バグダードの裕福なエンジニアであったムニル・ダニエルが語ったところによると、彼の叔父の息子（従兄弟）が自分の息子と間違えられて誘拐された。彼と彼の叔父の家族は、脅迫され、多額の身代金を払って逃げてきたということである。彼は、民兵と隣人によって破壊された家の写真を見せてくれた。彼は多少の蓄えがあったので、ダマスカスのジャラマナ地区の手頃なアパートに住んでいた。その地区はイラク難民が大勢住んでいたので、ニュー・バグダードと呼ばれていた。彼は、「家族はめちゃくちゃにされた」と説明してくれた。叔父の息子のうち二人は、なんとかドイツまで辿り着いた。しかし父親は家族を支えるために大工をしながら、アルビールに留まらなければならなかった。彼の一人娘はバカロレア試験（大学入学資格試験）を受ける準備をしていた。そして高等教育（大学）を続けたいと願っている。しかし、ムニルは、これから家族が大変動で、何が起こるかもしれないことを考えると、彼女は勉強を続けられないだろうと言っている。

ワファ・ナシルは、バグダードでアメリカ人にコーヒーを出しているカフェで働いていたが、脅迫され、「不信心者で西側スパイ」呼ばわりされ、銃口をつきつけられ、二人の息子と一緒に逃げなければならなかった。数年前、彼女は夫と死に別れ、未亡人となった。彼女には助けてくれる人もいなかったので、ダマスカスの貧民街のみすぼらしいアパートで二人の息子と住んでいた。小さなベッド一つの部屋は、換気もなく、家具もなかった。国連やその他の慈善団体が彼女のような貧しい人たちに支給しているマットレスや毛布をどうして受け取らないのかと聞くと、アパートの家賃を払うために、受け取ったものも売らなければならないのだ、と答えた。

私は、ダマスカスで、ハニ・アハド神父にも会った。彼は二〇〇七年六月六日、誘拐され、一二日間監禁されたが、その間、身体的にも精神的にも痛めつけられた。彼は捕まえられた後、目隠しさせられ、手足を縛られ、身動きがとれない小さなお風呂のような場所に放置された。何年も経ったかと思われた（日の目を見なかったので、どれほどの時間であったのか正確にはわからないが、おそらく一晩だっただろう）と証言された。その後で、部屋に連れていかれ、椅子に座らされ、一人の男が彼をイスラムに改宗させようと話しはじめた。拒むと殴られ、ボリュームを最大にして、耳元でクルアーン朗読を二時間以上と思えるほど長時間聞かされた。その後、彼を捕まえた誘拐犯は、彼のポケットの中で見つけたメモリー・スティックを読んで、彼の著作について議論を始めた。その中には、イスラム教やキリスト教について書いた彼の論文や記事が入っていた。その男は古典アラビア語を話し、イスラムの神学の知識を豊富に持っていたし、キリスト教についてもある程度の知識を持っていた、ということである。またイラクの教会やキリスト教徒に関わる問題をおどろくほど詳しく知っていた。その男はハニ神父の書いたことは冒瀆であり、悔い改めなければならないと言った。長い議論の後——その間中、神父が、彼らが冒瀆だと考えているようなことを言えば、殴られ、言葉では罵倒された。その後また風呂場に連れていかれ、次の日まで置き去りにされた。同じことが一〇日間繰り返され、その後目隠しと手足を縛られたまま、別の家に移された。新しい家には、大勢の人がおり、誘拐犯たちはイラク訛りで話していた。そこで、仲間の一人を反逆者であるとして処刑するのを目撃した。その後、彼らは神父に向かって、「お前はピストル射殺の名誉は受けられない。お前は不信者だから、ナイフで殺す」と言うと、別の男が「こいつをここで殺すわけにはいかない。彼の血でこの家が汚されるから」と言った。それから、彼は部屋に一人残され、最期の時を待った。時間の感覚がなくなり、暗闇の中で絶えず祈っていたものの、心はくじけていた。

何の理由で、誘拐犯たちの考えが変わったのかわからないが、ついに彼を解放した。彼をイスラムに改宗させるのは無理だと考えたからかもしれないし、彼を釈放するために多額の身代金を受け取る方が得策だと考えたからかもしれない。結局、身代金は支払われたのだが、それで最後の手に出たのかもしれない。理由はどうであれ、指導者に次のメッセージを伝えるように言われて、釈放された。「キリスト教徒はみな反逆者で、冒瀆者であり、イスラムの土地を汚し、イスラム教徒の心を汚染することは許されないので、国を出なければならない」と。ハニ神父は、一九七三年六月バグダードで生まれ、一九九三年九月に司祭になり、その直後ベイルートに派遣された。そこで四年過ごし、「宗教談話」を学び、「キリスト教徒とイスラム教徒の死に関する理解の比較」という修士論文を書いた。

このような話は数えきれず、もっとひどい、信じられないような話もある。しかし、何よりもがっかりさせられるのは、これらの人々は家に帰る希望が断たれてしまい、西側諸国に受け入れられることだけを望んでいることである。ある婦人は、なくしたお金を全部返してもらって、もっと良い家を与えられたとしても、戻る気はないということであった。このことから私が理解したことは、物質的になくしたものよりも精神的トラウマの方がずっと大きいということである。

シリアでは、カルディア教会のオード司教とアレッポのシリア正教会のユハンナ・イブラヒム主教を訪問した。二人は、さまざまな支援団体の支援を受けて、イラク難民を救援している様子を見せてくれた。「カリタス」は当時アレッポのカルディア教会に本部があった。そこでは、トニー神父と秘書が支援活動を行っていた。彼らはあらゆる教派のキリスト教徒やイスラム教徒やマンダ教徒の記録を持っていた。その支援活動の場では、食料品、マットレス、毛布、暖房器具がさまざまな支援団体から支給されていた。カリタス、国連、バチカン、アッシリア救援隊や、ほかにシリアの地方教会に属する支援団体があった。ある人たちは食料品を売って生活しているので、家賃を払うための食料品をその人たちに無料で配っている。イブラヒム・ハリル修道院の修道女たちは、イラクの家族に手料理を配りはじめた。アレッポのユハンナ・イブラヒム主教は、イラク難民の経営する無料コンピューター講座を始動させた。それで、仕事のない若者が、将来仕事に就くための技術を身につけることができる。ダマスカスのユニセフは、理髪、裁縫に加えて、言語、コンピューター、科学などの教科を教えるコースを開講している。

ヨルダンでは、同様の話をアンマンの「ナザレの聖母教会」のハリル・ジャアル教区司祭から聞いた。彼はイラク難民を助けるために、「平和の使者」（Messengers of Peace）という支援団体を設立した。彼はイラクとヨルダンのボランティアとともに働いている。そのプログラムでは、食料品を配ったり、公立学校に行けない子供たちの学費を払ったり、医療費の寄付を集めたりしている。難病の場合には、病院に受け入れてもらえるようにスペインのある団体と連絡を取るなどして、努めている。

このような状況に直面したことで、ロンドン在住のイラク人が集まって、恵まれない家族のために「イラク・キリスト教徒救援協会」（ICIN）を立ち上げた。二〇〇七年五月には、英国でこの救援協会が、法人（charity）として登録され、シリア、ヨルダン、レバノンに逃れたイラク人や、それ以後イラク国内で退去させられた人たちを支援している。このプログラムでは、第一に、外国に親戚のいない家族や未亡人たちに、家族の人数によって、毎日一〇〇～三〇〇ドルの支援を行っている。第二に、家を追い出された混乱の中で、学業が遅れてしまい、公立学校で受け入れてもらえない生徒たちを支援している。このようなサポートがなければ、彼らは学業を続けられなかったであろう。そして第三に、医療援助を行っている。というのは、これが難民全員――外国に支援する身寄りがいる場合を含めて――の主要な問題だからである。なぜなら、彼らを受け入れたどの国も医療費無料の国はないからである。病気の種類により、また救急医療を受ける場合には、多額の費用がかかり、そのような請求書を受け取ったら、その地域の教会に助けを求めるのが普通だからである。われわれは、全部の人たちを支援することはできない。というのは、一つの場合だけで、予算全部が必要な場合すら出てくるからである。それで、われわれは、対象の必要に応じて支援できるように地方の司祭に定期的な援助をする。

最後に、われわれは、シリアのカルディア教会と協力して、シリアのプロジェクトに資金提供ができた。サイドナヤに英語教育のコースを開設し、ダマスカスに、コンピューター教育コースを開いた。そのことでイラクの学生も教員も共に特典がある。こういったコースで力をつけた学生は、将来どこに行っても、これらの技術で仕事を探すために役立つし、イラク人教師には仕事を提供することにもなるからである。

4　難民問題対策の実情

イラク政府とイラクのイスラム教職者が、キリスト教徒に対する暴力、礼拝場所の攻撃に対して非難したことは、注目に値する。彼らは、これが倫理に反することであり、宗教と相容れないし、イスラムの寛大さとも両立しないと述べている。キリスト教指導者たちは、政府官僚とコミュニケーションをとっており、シーア派のマルジャ[19]と呼ばれる最高指導者であるアル・シスタニを訪れ、ほかのイマーム（導師）とも会っている。多くの教職者たちが宗教間で対話を行っており、キリスト教徒やほかの少数派に対する迫害の波に、反対の呼びかけを行っている。二〇〇八年にバグダードの治安状況が改善されたときには、彼らは難民に帰国するよう勧めた。ダマスカスのイラク大使館の車が、人々を無料で輸送し、家に帰って生活を始めるために八〇〇ドルが各家族に配られた。失ったものに比べれば、ほんのわずかな額でしかなかったが、多くのイラク人が帰っていった。しかし、その中にキリスト教徒はほとんどいなかった。

イラク難民がシリアやヨルダンに流れ込むと、これらの国のインフラに影響が出はじめた。そこで、それらの国は、国際組織に難民を受け入れるように援助を求め、イラク難民問題の解決を求めた。国際赤十字赤新月社連盟が、ヨルダンやシリアのインフラはもう限界に達していると警告し、国連は英国も含め工業先進国が、追放されているイラク人に門戸を開くよう求めた。ヨーロッパで最初にイラク難民を受け入れたのは、スウェーデンで、それにドイツとフランスが続いた。最近になって、米国とカナダが、イラク人キリスト教難民を特別に受け入れている。

このため、現地のキリスト教指導者たちの間で波紋が起きた。彼らは、もしこれがこのまま続けば、イラクや中東からキリスト教徒がいなくなってしまうと警告した。二〇〇八年五月、サコ司教が、アジア・ニュースに、次のように語った。

キリスト教徒を歓迎するプログラムを宣伝しすぎると、国に残りたいと思っている人に逆効果を与えてしまう。国を出る者は、残りたいと思う者の気持ちを鈍らせてしまうし、キリスト教徒には、外国に逃れられる場所があるのだからと、イスラム教徒に国外退去を迫られる言い訳を与えてしまう。移民を奨励することで、イラクやおそらく中東全域からキリスト教徒がいなくなってしまうであろう。この国から霊性という特有な要素をなくしてしまうし、偏見のない対話を奨励し、喜んで対話する能力がこの国からなくなってしまうことになる。西側の外交・政治援助は、米国とイラク政府とイラクのイスラム化を支持する国々に限定しておかなければならない。これらの国々は、イラクの人々に自由と尊厳をもたらす政策を求め、迫害と民族浄化を止めさせなければならない。

続いて彼が強調したのは、西側諸国はそこに着いた難民を支援しなければならないと同時に、イラクにいる人々のために教育や医療プログラムを作り、働ける場所を設けて、難民を含むイラクの人々を支援しなければならない、と伝えた。

中東のキリスト教指導者たちは、こぞってキリスト教徒の国外追放の問題に関心を持っており、この問題を取り扱う会議が開かれた。二〇〇六年一一月、カルディア教会のマル・イマヌエル・デリ総大司教は、ベイルートで「教会と祖国」というテーマで開かれた東方カトリック総大司教会議に出席した。司教たちは、この問題とその原因について話し合い、イラク・キリスト教徒との連携を確認した。そして世界中の人たちに、特に人権に関心を持つ団体に呼びかけ、この二つの川の土地（メソポタミア）で起きている、殺人に始まり、拉致、破壊、強制移住にいたるまでのあらゆる残虐行為を終わらせなければならないと訴え、次の声明を発表した。

さらにおぞましいことには、これらの残虐行為が宗教の名のもとで行われていることである。本来のイスラム教は、厳密にはこれらの行為と反するものであり、これらの行為を不法とする責任あるイスラム制度を求める。このような過激な行動はイスラム教の顔を汚すだけでなく、異なった宗教間で長年培ってきた共有の原理を妨害するものである。

二〇〇九年二月には、ベイルートで別の会議が開かれた。「イラクにおけるキリスト教徒の存在――復興か消滅か」というテーマで、イラクのキリスト教徒の存続について議論がなされた。この会議には、その地域や外国の教派のあらゆるキリスト教とイスラム教の宗教指導者たち、さらに多くの宗教と関係のない文化、教育、軍事、外交、政治関係の代表者たち、また一般の人たちも集まった。ベイルートのメディアやアラブのメディア、外国からのテレビ、ラジオ局などもかなりの数が集まっていた。ドキュメンタリー映画が上映され、イラクにおけるキリスト教徒の苦しみ、絶望、痛みが報告され、同時に、このような苦難の中でも平安と力を与えられていること、またいつか愛する祖国に帰るという望みを持っているという彼らの深い信仰の証がなされた。主な講演者がイラクのキリスト教徒や他の少数派が直面している緊急の課題を取り上げ、この問題を喚起した。中東全体のキリスト教徒の状況やキリスト教徒の保護に関して、イスラム教徒の役割についても語られた。近隣の国々に対しては、イラク難民に対して十分な社会的保護を与えてほしいと勧告がなされ、またイラク当局には、政府内にキリスト教の代表者を確保するように訴え、また国連（United Nations）、アラブ連盟（League of Arab States）、イスラム国協力機構（Organisation of Islamic Cooperation）のような組織には、イラクや他の中東諸国のキリスト教徒を保護する声明を発表するよう訴えた。会議はイラクのキリスト教徒の忍耐と勇気をたたえ、イラクに留まるよう励ました。太古からこの地に住んできた彼らが、国を愛し、その文化・

社会制度の再建のために力を合わせ、和解と安定を打ち立てることを要請した。またイスラム教徒と対話を推進し、西側諸国には移民を薦めないように勧告した。

二〇〇九年には、キリスト教難民が多数帰国した。それはバグダードの治安状態が少し改善したことにもよるが、難民が仕事もなく、敬意も払われないような難民としての自分の立場に我慢ができなくなったことにもよる。アメリカに着いた多くの難民は、社会的支援もなく、そこで生活することが困難になって帰国した。しかし、本書を書いている今も、未だに数千人の難民が近隣の国々にいて、海外の親戚と一緒になろうとしている。彼らはすでに数年間難民の状態であるが、バグダードやモースルの町で新しく暴力が発生しているので、家に戻ることを拒んでいる。イラク難民を特に歓迎していた西側諸国の中には、態度を変えた国もある。たとえば、イラク難民を一番受け入れていたスウェーデンは、最高法廷が下した、最近イラク国内武力抗争がなくなったという判決によって、彼らに背を向けるようになった。

5　英国と国際社会の反応

英国においては、二〇〇八年のラホ司教とモースルで起こった事件だけは別として、一般の国内メディアでは、イラク人キリスト教徒の窮状は、あまり報道されていない。他方、キリスト教メディアや正義と平和に関連している団体は、イラク戦争の結果、少数派に対し、有害な影響がもたらされ、キリスト教共同体が危機に直面していることを声高に報道している。
イラクのキリスト教徒が直面している悲劇に関して、国際社会が沈黙していることについて、サコ司教は、二〇〇八年五月、スイスのフライブルクでの会議において次のように述べている。

西側諸国のキリスト教徒は、イラクのキリスト教徒の悲劇の重大さを認識しなければならない。彼らは最も古い時代からのイラクの住民であり、イラク文化の重要な部分を占めている。彼らはキリスト教徒というだけの理由で、しばしばイラクで行われる暴力の犠牲者になっている。イラクのキリスト教徒は、孤独で誰からも忘れられている。国際社会や西側の教会ですら黙していることで、彼らは安全な将来に自信が持てないでいる。ただ教皇と数名のヨーロッパの司教たちだけが声を上げている。多くの人は、東方のキリスト教徒については何も知らない。東方のキリスト教会こそキリスト教の源泉であることを忘れている。ほんの三〇年前には、イラクのキリスト教徒は人口の五パーセントいたのが、今では三パーセントしかいない。

二〇〇八年二月のラホ司教殺害事件は世界のメディアで報道され、イラク人キリスト教徒の危険な状況が注目されるようになった。同年一〇月のモースルにおける暗殺事件やキリスト教徒立ち退きの波が押し寄せたことで、事実が確認され、そのときになってようやく、国際社会はキリスト教徒が特別にねらわれていることを知った。世界各国の指導者や人権団体が、ラホ司教の殺害を公に非難した。イラクでは、ヌーリー・マーリキー首相が、イラク在住バチカン大使フランシス・チュリカット大司教に、政府はキリスト教徒の安全を必ず守ると誓った。彼は、司教の誘拐は、宗教衝突を挑発しようとする犯罪グループの仕業であると述べ、イラクのキリスト教共同体を支援することを表明した。ラホ司教が殺される前に、バチカンは理性的に問題が解決され、司教が釈放されるよう繰り返し訴えた。教皇ベネディクト十六世は、全世界の教会に熱心な祈りに加わるように求めた。カンタベリー大主教ローワン・ウィリアムズ博士は、世界のイスラム教指導者は、司教の即時解放のために動くべきであると述べた。二〇〇八年一〇月、モースルにおけるキリスト教徒をねらった殺害と退去命令のときも、国際的に報道された。特にクルド人が関係している可能性があると指摘されたときはそうであった。英国では、エドワード・リー国会議員が五人の署名をつけて、イラク政府に、クルド人がこれらの事件に関係しているという申し立てを徹底調査するよう強く求めるべきであるとの動議を国会に提出した。

教皇ベネディクト十六世は、数回にわたって、イラク・キリスト教徒に対する懸念を表明した。そして世界の指導者たちと会見した。その中には当時のアメリカ大統領ジョージ・W・ブッシュや、イラクのジャラル・タラバニ大統領、またマーリキー首相も入っており、イラクでのキリスト教徒の安全を守るよう訴えている。彼は世界の教会とイラク教会が連帯すべきことを強調した。またイラクの人々の和解と平和を祈るよう求めた。二〇〇七年一一月、教皇は、「われわれが霊的に緊密な関係を持っていることを表明するため、また、私の愛と、この愛する国イラクのキリスト教徒との連帯を表す確固たる表明として」カルディア教会の長であるデリ総大司教を枢機卿に任命した。このことは公的機関を含むイラク国民全体に好意的に受け入れられた。

二〇〇九年一月カルディア教会司教たちが教皇庁を訪問したときに、教皇と個別に、また全員と謁見した。教皇は、彼らに伝えたスピーチの中で、脅迫と危険の中で戦っている彼らの勇気と忍耐を賞賛し、彼らがキリストのメッセージを証しし、祖国愛を示したことを讃えた。また教皇はイラクや他の中東の国々のキリスト教徒が国外移民することに危惧を感じているとも表明した。イラク難民を支援している国々に感謝すると同時に、総大司教と連帯し、自らの宗教的、文化的アイデンティティを守るためにイラクに残った人々に激励の言葉を贈った。また、過去数年間、自分の信仰のゆえに生命を失った人たち、特にラホ司教とラグヒード・ガンニ神父の名前を挙げ、祈りを捧げた。教皇はカルディア教会の重要性を強調し、その起源の古さ、イラクへの貢献を強調し、その使命を続け、霊的・人道的な面で国家と国民を豊かにするよう励ましの言葉を贈った。異なった信仰、教派の間で信頼を作り上げるため、彼らのなすべき役割について、次のように語っている。

あなた方が来られたことは、あなた方の民権と人権を、また祖国愛を政府に認めさせるために重要なことです。私の祈りは、あなたたちの祈りと共通であり、信仰による兄弟姉妹たちの祈りと共通です。……その兄弟姉妹がどこにいる人であっても、彼らの援助は現在多くの苦しみに遭っているあなたがたの祖国イラクにおいて、愛に満ちた神の顔が輝くためになくてはならないものです。イラクの苦しみは、キリストの犠牲に見られるものであり、希望と一致の徴となるのです。イラクの殉教者たちの血があなたがたを執りなしてくれるのです。

会談の終わりに、教皇はラホ司教の用いていた典礼用の法衣とラグヒード・ガンニ神父のストラ（首から懸ける帯）を「感動の内に」受け取られた。それは教皇が彼らを信仰による殉教者と認めたものであり、心を打つ感動的な瞬間であった。

二〇〇八年六月に、マーフィ・オコナー枢機卿は、ウェストミンスター大聖堂（Westminster Cathedral／訳者：カトリック教会の大聖堂で、有名なイングランド教会のウェストミンスター寺院 Westminster Abbeyとは別）で、イラクのためにミサを執り行った。ポーツマスのクリスピン・ホリス司教とバーミンガムのウィリアム・ケニー補佐司教は、二〇〇八年五月、カルディア司教たちの招きを受けて、北部イラクのキルクーク、アルビール、スレイマニヤの都市を訪れており、このミサに与かった。二人はアンカワにあるカルディア教会聖ペトロ神学校でしばらく過ごし、ホストであったサコ大司教は、彼らが訪問してくれたことに対し、家や財産や仕事を失い、今や忍耐を失いかけている人たちに大きな助けとなったと述べた。

パックス・クリスティ[20]は、二〇〇二年イラク戦争に反対してイングランド教会ローワン・ウィリアムズ大主教をはじめとする英国人、数千人の署名を集めた陳情書を提出していたが、イラク戦争五周年を覚え、徹夜祈祷会を呼びかけ、会合を開いた。その会合では、イラク戦争が国家やキリスト教共同体に与えた影響について考える機会となった。二〇〇八年六月に、イラクのキリスト教徒の声をヨーロッパで聞いてほしいとして、北部イラクからのキリスト教代表者を招待した。代表団はパックス・クリスティの役員とブリュッセルで会合し、イラクに対する戦争に反対し、平和と和解を推進する活動について述べた。彼らは、欧州連合（ＥＵ）の英国代表オーエン・ジェンキンズ氏、フランス代表、また欧州委員会とも会った。代表団はキリスト教共同体が直面している脅威についての危惧を表明し、またイラク政府がキリスト教徒の代表を十分受け入れていないし、人権を守るだけの力がないことを伝えた。彼らは欧州連合が、次の目標達成に力を尽くさなければならないと、協力を求めている。

キリスト教共同体の政治的将来を確保し、現実的な連邦体制を保証し、適切な法的身分、人間の尊厳と権利を保証してほしい。また中央政府のお情けに任せられるのではなく、地域に予算を確保できるよう要請している。キリスト教徒は、少数者の権利が保証される統一イラクに住みたいと願っている。また憲法の改正、キリスト教共同体を差別する法律の改正を求めている。

フランスのパックス・クリスティのマルク・ステンジャーもイラクを訪れ、さまざまな宗教指導者、また一般の指導者たちと会っている。

イラクのキリスト教徒の窮状に着目するための試みとして、「苦境にある教会支援（Aid to the Church in Need）」がラテン教会のジーン・スレイマン大司教をロンドンに招いた。彼はイラクのキリスト教徒の悲惨な状況について、二〇〇八年九月、ウェストミンスター大聖堂ホールで、ロンドンの大聴衆に向けて語った。彼は、イラクの多くの信仰深い人たちは、自分たちの使命は、イラクでキリスト教の将来を守ることだと信じていると伝えた。彼は人道的援助の必要性と、若者に対する教理問答センターを設立させることの必要性を特に強調した。彼はつけ加えて、「キリスト教徒が祖国に留まるのを助けるのは本当に大切なことである。それこそが、イラクが本当に再建される方法である」と語った。

そのほか、平和を造り出すために働いている多くのキリスト教組織や国際人道団体[21]がイラク・キリスト教共同体の危険な状況に光を当てるために重要な貢献をしている。ある人たちは、イラクを訪れ、報告書を書き、無差別暴力により、少数派が受けている特殊な状況に着目し、それが全住民に影響を与えていると報告している。彼らは、少数派の窮状を前面に持ち出し、西側の国々が、財政的に崩壊し、精神的にトラウマに捕らえられた人たちを受け入れるよう働きかけている。その他の団体[22]は、イラク内外にいる貧困に追いやられたキリスト教共同体難民への経済的な援助を求めている。

6　要約と結論

二〇〇三年以来、キリスト教徒は、信仰のゆえに、強奪、拷問、強姦、殺害など大変な苦しみを受けている。また、礼拝の場所を攻撃され、宗教指導者たちが拉致され、拷問を受け殺害されるという絶え間ない攻撃で苦しめられている。罪のない人々が、極端に憎しみの罵倒を浴びせかけられ、立ち退きの苦しみを受け、スンニ派、シーア派双方の過激派イスラム教徒からイスラム教に改宗することを強要されている。政府が安全を確保する能力がないために、過激派がこのような残虐行為を行い、キリスト教徒を祖国から追い出すような道を開いてしまっている。

こういった事件が起きるため、イラクのキリスト教共同体に恐れと不安が生じ、大量移住に拍車をかけることになった。何千人という人たちが近隣の国々やイラクのより安全な地域に逃れ、重大な難民問題を引き起こした。少なくともキリスト教徒の半数がイラクを出て、ゆくゆくは西側諸国に行きたいと思っていると考えられている。イラクに今も住んでいる人たちは、恐怖に襲われながら住んでおり、大多数の人たちは国を出たいと願っている。彼らは現在の状況から考えて、将来に何も期待できない状態が続き、共同体自体が小さくなってしまっている状況に不安を感じ、攻撃を受けやすいと感じている。彼らは難題に直面しているが、どちらに向かっていけば良いのかわからず、近い将来にトンネル出口の明かりが見えてこないでいる。イラクにおいてキリスト教そのものが将来も生き残れるかどうかさえわからず、危険にさらされており、消滅の可能性すらある。

新しい政治手法とクルド人に対する同化吸収の企てによって、イラクを分派（シーア派とスンニ派）と民族（クルド人とアラブ人）に基づいて分割することで、少数派は社会の進歩から取り残される結果となった。国は公には連邦制度の方向に向かっているとはいうものの、分離主義[23]と孤立主義への願望がある。国家としてのアイデンティティよりも部族、民族、宗教的アイデンティティが強調されるため、キリスト教共同体に多大な影響を与えており、実質上、彼らが完全なイラク国民となることは困難である。

シーア派、スンニ派の間で、過激化が急速に進んでいることで、生活のあらゆる面に影響を与えている。キリスト教徒たちは、現在起きていることが、さまざまな事象に対する短期の反応というよりは、長期にわたる文化変化と見ている。彼らは、国家の構造が容認の範囲を超えていると感じている。イスラム教徒とコミュニケーションをとり、昔のように永続する友情を持つのが困難になってきた。イスラム教過激派の中には、イラクからキリスト教徒をいなくすることが自分たちの計画であると明言している者もいる。

地域的にも国際的にも複雑な状況を抱えており、国家全体としても危険な状況が増している。以前は、イラクにとって憎しみに満ち、どうしようもない敵であったイランが、今では最強の同盟国となった。トルコはクルド人の絶え間ない武力攻勢に激怒して、モースルとキルクークがクルディスタンに併合されるなら、軍事介入をすると脅している。イラクが大量の原油産油国であるため、これらの国々にとってイラクの存在は重要になってきているが、そのことが国際関係を複雑にしており、その結果、国の安定に影響を与えている。

キリスト教徒のためにニネベ平原に安全な港を作るという計画は、みんなが関心を持っている。KRGのもとであれ、中央政府のもとであれ、それはイラクのキリスト教にとって「柩に最後の釘を打ち込む」ことになるかもしれない。現在のクルディスタンが安全なのは、良くても相対的であり、一時的なものである。政治状況は変化するし、キリスト教徒がクルド人と組むことで苦しむことになるであろう。イラクのキリスト教徒は、イラク国民であることを誇りにしており、国のどこにいても安全で尊厳を持って生きられるよう願っている。キリスト教徒の存在が優勢になる特別地域ができたとしても、その安全はバグダードの中央政府の下で確保されるべきである。

イラク中央政権もクルディスタン地域政府も、あらゆる少数派に対して平等な市民権を確保する憲法を制定しなければならない。ある地域で、ある程度自立する取り決めが連邦政府との中でなされることは構わないとしても、あらゆる民族、宗教団体に移動の自由、安全と平等が保証され、富の平等な分配が伴わなければならない。キリスト教共同体はイラクの社会的、宗教的モザイク模様の重要な部分を占めてきた。そして古代においては、国家の発展、また現代イラクのためにはその設立に貢献してきた。引き続きキリスト教共同体が存在することがなければ、国家の現代化が遅れることは決して誇張ではない。さらに共同体のサイズが小さくなればなるほど、その共同体のメンバーは安全性が低くなり、国家に対する影響も低くなると感じるであろう。イラク人で武力闘争に関係している者はすべて、イラクからキリスト教徒をいなくするように人々を説得することは、決して国の利益にはならないことを悟らなければならない。イスラム教の聖職者たちは、テロ行為などの過激な宗教的行動に反対し、信徒たちに、無実の人たちを殺すようなテロ行為は、ジハードではなく、本質的に悪であると説得し、わからせるように働きかけなければならない。彼らは声を大にして、人を殺したり、破壊したりする者に向かって、「われわれイスラムの名によって」残虐行為を行うなと叫ばなければならない。国内のイスラム過激派の運動を根絶しない限り、イラクのキリスト教徒に永続する安全はやってこない。

イラク難民危機は、イラク政府と国際社会とで呼びかけを行わなければならない。バグダードの安全が比較的改善されたために、この問題は、しばらく報道の大見出しから消えてしまっている。最近、二〇〇九年七月に、キリスト教礼拝場所が攻撃されたことは、キリスト教徒にとって、イラクはまだ安全な場所ではないことを、思い起こさせるのに、ぴったりのタイミングであった。このことで、近隣の国々にいる難民が自分の家に帰るのは安全ではないという思いを強くした。また、UNHCRはイラクが、まだ難民が帰国することを選択できるほどの段階に達していないことを強調した。自国に帰って、尊厳と安全を確保したいと願っている人たちを励まし、埋め合わせをするには、思い切った手段がとられなければならない。精神的にトラウマに捕らわれているため帰れない人は、西側諸国で受け入れなければならない。英国には他の西側諸国と同じく、そのような難民を受け入れることで責任を分かち合ってほしい。

イラク内に住んでいる者であれ、離散している者であれ、イラク人キリスト教徒はキリスト教会全体にとっての宝であることを忘れてはならない。彼らがどこにいても、教会の指導者たちは支援をしなければならないし、彼らの文化的アイデンティティを守る手助けをしなければならない。イラク国内では、キリスト教徒は、地域レベルで支援を受ける必要があり、過激派の行っているイラク全イスラム化の前で彼らは見捨てられてはならない。多くのキリスト教徒が避難しているクルディスタンでは、その村に留まってほしいと思えば、それを推進するために、彼らに、技術的、経済的、文化的な援助をすることが必要である。残虐行為で苦しめられた人たちが尊厳を持って生き、将来に希望を持つために、心理的、道徳的支援が必要である。イラクのキリスト教共同体が、この困難にもかかわらず、かなりの数を保ち、使徒時代以来ずっとしてきたように、この国を豊かにし続けることが望まれる。

補足

本書（第一版）の原稿を印刷所に出した後、二〇〇九年一一月にモースルのキリスト教徒に対し、さらに残虐行為が行われた。二〇〇八年には殺害が頻発し、一万五〇〇〇人の人々がモースルを離れた。その後、殺害は散発的に起こった。ほぼ毎月キリスト教徒の一人か二人が自宅で殺害されている。この殺人行為は、二〇〇九年一二月から二〇一〇年二月まで合わせて二〇人に達した。二月二三日には、殺人の洪水が押し寄せた。戦闘員がキリスト教徒であるイショ・マトキーの家に押し入り、彼を殺害し、同時に二人の息子も殺し、妻と娘に強姦を加えた。いうまでもなく、このような残虐行為のため、多くのキリスト教徒がモースルを出た。出ることができなかったのは貧しくて、家を出る手段もなく、自立もできず、どうにもならない人たちである。彼らは、今や家に閉じ込められ、子供を学校に出すことすらしない。この間、モースルではキリスト教徒以外の少数派の人たちに対する殺害は起こっていないし、殺された人たちは殺害の前にキリスト教徒かどうかが確認され、その後殺されたことは重要なこととして記憶してほしい。

こういった残虐行為は国内にも国際的にも大きな波紋をもたらした。イラク国内では、イスラムの指導者も政府当局も、これらの殺害が、犯罪行為であり、政府の信用をなくさせるもので、イラクの人々の間に分裂の種蒔きをするものであると非難した。イラクのあらゆる教派のキリスト教指導者は、政府に直接抗議をし、声明を発表した。政府役人がお粗末で、非力で無気力になっている国民を守る能力がないことを訴え、流血事故を止めさせるための緊急な処置が執られるよう求めた。二月二八日、バグダードや北部イラクの多くの町の市街で、抗議のための大規模なデモが発生した。国際レベルでは、バチカンから即答があり、教皇が、この行為を非難し、国務大臣タルチジオ・ベルトーネ枢機卿がイラクの首相に書簡を送り、行政の再建と少数者の保護を求めた。レバノンでは、三月一三日を、イラク・キリスト教徒との連帯の日と定め、「イラクは血の滴る十字架を背負っている。復活はいつ来るのか」という旗印を掲げた。その日、ハリサ大聖堂では丸一日の会議があり、二〇〇三年以来、イラクのキリスト教徒に起こっている事柄を話し合った。また、その模様は終日報道された。またデモ隊が町に出て、同じ旗印で町を巡り歩いた。

攻撃を受けた教会・破壊された教会

本章には、攻撃を受けたり破壊されたりした教会、拉致されたり殺害された聖職者の長いリストがあるが、われわれ日本人には、なじみが薄く、直接の意味は少ないため、省略する。ただ、あらゆる教派の非常に多くの教会、また聖職者、またキリスト教徒全体に激しい迫害が起こっていることをお知らせするに留める。詳しくはインターネット等を参考にしていただきたい。本書では、具体的な名前は挙げない。

注

(1) [訳者] 国際マイノリティ権利協会(Minority Rights Group International/ MRG):少数民族、少数派国民、少数派宗教信徒、少数言語使用者や先住民族の権利を保証する目的で作られた国際人権団体。

(2) [訳者] 国際ガバナンス・イノベーション・センター(Centre for International Governance Innovation/ CIGI):二十一世紀の経済とガバナンスの重要課題に対する見識と解決策を導き出す革新的思考の開発を拡大・促進するために尽力している組織。

(3) [訳者] 十字軍(crusade):アラビア語では、「アル・サレエビイェーン(十字架に関係した人)」と翻訳されているために、「クルセード」とか「クルセーダー」という言葉を「十字架の印を持つもの」

すなわち「キリスト教徒」全員を表すものと解され、そのために問題が生じている。その上、「クルセード」という言葉は、十一世紀から十三世紀にかけて聖地をイスラムから回復するために西ヨーロッパから送り出された「軍隊」というもともとの意味を越えて使われるようになっている。現在では、西欧諸国（キリスト教国と考えられているため）が、イスラム教徒やイスラム国に対するあらゆる侵略を意味するようになってきている。そのような西側の試みを支持する者はだれであっても「クルセーダー（十字軍）」と呼ばれる（安倍政権以後、日本がアメリカに急接近したことで、日本も西側の仲間として、「十字軍」加担者と見なされるようになった）。残念ながら、無知な過激派イスラム教徒は、キリスト教徒とは、そのような活動をする者と関連づけて受け取っている。本来のキリスト教徒は、強い愛国心を持っており、自分たちの国が西側諸国に干渉されることを忌み嫌っている。

（4）ズィンミー（dhimmi）：イスラム国家におけるイスラム教徒でない者。

（5）ジズヤ（jizyah）：非イスラム教徒が、保護を受けるお返しとして、イスラム国家に納める税金。

（6）シーア派とスンニ派。序章注（1）参照。

（7）聖戦／ジハード（jihad）：イスラムでは、自分たちの領土に侵略してくる敵に対して、武器を持たずに降伏しなさい、という立場をとらず、侵略してくる敵に対して自ら立ち上がって自国を守ることを奨励し、その自衛の戦争のことをジハード（聖戦）という。近年、一部のイスラム過激派がこの言葉を悪用し、自分たちの私利私欲のための戦争をジハードと呼んだり、テロ行為のことをジハードと呼ぶことがあるが、あくまでも本来の意味からは遠く離れた間違った使い方である。

（8）教皇ベネディクト十六世が訪問先のドイツのレーゲンスブルク大学での講演で、イスラム教に対し

「ムハンマドがもたらしたものは邪悪と残酷だけだ」と批判したビザンチン帝国皇帝の言葉を引用したことを契機に、世界のイスラム教徒から激しい反発が起きている。同教皇はこれまでのところ正式な謝罪はしていない。教皇は「真意を説明したい」「イスラム教を侮辱する意図はまったくない」と弁明する一方、イスラム教との対話促進を表明することで、巧みに謝罪を回避している。

（9）［訳者］十字架の道行き（The way of the cross/ 14 stations of the cross）：イエス・キリストの裁判の行われたピラトの総督邸からイエスの受難の道を辿る礼拝は、エルサレムを訪れる巡礼者たちによって古くから実際に行われていた。またこれらの一連の道行きの場面を視覚的に表現したものはシャルトル聖堂浮彫（十三世紀）にも見られるが、十四世紀以来聖フランシスコ修道会によってこの礼拝方法が聖堂内での信心に用いられはじめて以来、イエスへの死刑宣告から埋葬にいたる各場面が一四図として聖堂内に図示されるようになった。信者たちはその一つひとつの場面を見て黙想した。

（10）序章注（14）参照。

（11）キリスト教徒議員（Christian）：閣僚に二人、国会議員に三人いる。

（12）二〇一七年九月二五日、クルディスタン自治区において、住民投票が行われ、多数の住民が独立を支持した。

（13）序章注（11）参照。

（14）［訳者］ニネベ（平原）（Nineveh Plains）：現代では「ニーナワー（県）」が正式な呼称であるが、旧約聖書にもしばしば出てくる地名として「ニネベ」が一般的であるので「ニネベ平原」に関してはそれを用いる。第二章注（35）参照。
（15）第一次世界大戦で、イギリス軍は一九一八年一〇月にオスマン帝国と戦いモースルを占領した。第一次世界大戦末になって、イギリスとフランスは、交戦するオスマン帝国領の中東地域を分割支配する協定（サイクス・ピコ協定など）を結び、現在のイラクにあたる地域はイギリスの勢力圏と定められた。モースル地域の権利を主張するトルコ共和国は委任統治領イラクと争ったが、イラクのモースル領有は一九二六年に国際連盟で確定した。
（16）マル・イマヌエル三世（Mar Immanuel Ⅲ）：バチカンと教皇ベネディクト十六世から、大グレゴリウス騎士団勲章（Knight Commander of the Order of Saint Gregory the Great）を受けた。
（17）包領：他民族の中に孤立する少数民族集団居住地。
（18）［訳者］バラクラバ帽（balaclava）：目出し帽とも呼ばれ、頭部、顔面、頸部の防寒・保温目的で着用する衣類の一種である。目・口の部分に穴を開けただけの、より隠れる部分が多いものも存在し、こちらはフェイスマスクと呼ばれることもある。
（19）マルジャ（Marja/ Marjiya）：信者のためのイスラム法の範囲内で法的決定を下す権限を持つ、最高レベルのシーア派当局、グランド・アヤトゥラに与えられた称号である。
（20）［訳者］パックス・クリスティ（Pax Christi）：「キリストの平和」の意のキリスト教平和団体。
（21）［訳者］国際人道主義団体（international humanitarian organisations）：国際マイノリティー・グループ（MRG）、国際ガバナンス・イノベーション・センターなどが挙げられている。
（22）［訳者］その他の団体（other organizations）：カリタス・インターナショナルほかが挙げられて

いる。

(23)［訳者］分離主義（separatism）：政治・宗教・人種・階級上の分離を主張する。

The Way of Calvary

第二章　十字架の道

——二〇一〇年より二〇一六年まで

前章は、二〇〇九年九月以後、モースルの悪化する状況を、二〇一〇年二月まで続いたキリスト教徒殺害に焦点を当て、補遺の形で述べたところで終わっている。それ以後、宗派間の緊張、少数派に対する残虐行為や迫害は続いており、キリスト教共同体全体にも大きな影響を与えている。モースルは「特別許可がないと入れない」地域になってしまい、さまざまな民兵組織が住民を統率し、ついに、常設のカリフ統治を備えた、いわゆる「イスラム国[1]（Islamic State/ IS）」出現となった。このことに関しては、いくつかの疑問がある。

第一：バグダードの中央政府、クルディスタンの地域政府、西側諸国の政府は、モースルが急速にテロリストの温床となっているのを、どのように見過ごしてきたのか。

第二：二〇一〇年一〇月三一日の救済の聖母大聖堂[2]へのＩＳによる残虐な攻撃（九七ページ参照）の後、彼らは犯行声明を出したのに、国際社会がなぜこの特定のグループを本気で取り上げなかったのか。

第三：シリアにまで手を広げ、カリフを備えた、異様で、一見無敵の組織と思える存在にまでなってしまい、アラブや外国から何千というジハーディストを引きつけ、映画でも見ているような身の毛もよだつ断首や十字架刑を執行させ、彼らの思想を否定する人たちを迫害、弾圧し、世界中でテロ行動を引き起こしているこのグループに対し、なぜ、そうなる前の早い時期に適切な行動が起こせなかったのか。

これらの質問に明確な解答を与えるのは難しい。それは、複雑な中東の政治情勢と関係があり、さらに中東諸国と西側諸国との関係が絡んでいるからである。そこで、まずイラクとほかの中東諸国の政治情勢のあらましを述べることから始めていくことにする。

1　相次ぐ迫害の波

バグダードの中央政府は二〇〇六年四月以来、ヌーリー・マーリキー首相の政権のもとにあったが、二〇一四年八月、退任に追いやられた。彼は、イラク社会を統合し、基本的なサービスと安全を確保することも、さまざまなテロリスト・グループから、モースルを護るための強力な軍隊を備えることもできなかった。バグダードやほかの町では、主としてシーア派地区が狙われ、少数派を目標とした自動車爆破事故が、ほぼ毎日発生している。マーリキー首相の政権が進むと、彼は次第に専制的になり、援助を当てにできるのは、彼の属するシーア派のイラク人だけになった。自分の職務を拡大し、内務大臣、国家安全防衛大臣を兼務したことに対して、反対側から激しい反発が起こった。彼が率いた政府は、明らかに腐敗し、弱体化していた。それに加え、イランと同盟を結んだことでスンニ派の反対が強くなった。イラクの内政干渉になりかねないからである。彼の後任として首相になったのは、ハイダル・アバーディ首相であるが、マーリキーは、副大統領の地位を保証された。新首相はマーリキーと同じダアワ党[3]（Dawa）に所属していたので、多くの役職者が派閥によって選ばれ、政府は以前同様、非能率的で、あらゆる面で無能さを露呈した。

クルディスタン地域政府（地図参照）は、公の管轄区域[4]（アルビール県、ドホーク県、スレイマニヤ県）の統制ができていたが、いわゆる紛争地域（キルクーク県、ディヤーラー県、ニーナワー県＝ニネベ平原）の統制にまで手を伸ばそうとしている。地域大統領はマスード・バルザニで、キリスト教徒や少数派を歓迎し、民族と宗教の共存を促進していた。クルド過激派イスラム教徒[5]が存在し、クルディスタンのザーホーでキリスト教徒に対して残虐行為を行っていたが、派閥間の緊張は、政府によって抑えられていた。

強力な軍事組織ペシュメルガ[6]は、かなり有能で、テロリストをコントロールしていたので、クルディスタン内では、事件[7]はわずかであった。その結果、イラクのほかの地域に比べて、安定し、安全であった。

しかし、彼らが紛争地域を支配しようとしたことが、モースルに緊張をもたらした。ニネベ平原は公には、その地域に入るが、キルクーク県とディヤーラー県は、バグダードの中央政府が統制していた。最近になって，クルド人のさまざまな政党間[8]で紛争が起こり、やや不安定になってきている。特に、不安定な状態は、二〇一五年八月に予定されている、クルディスタン地域政府のための新大統領選挙に関係がある。マスード・バルザニ地域大統領は、政府の重要地位に家族をつかせ、今やもう一期出馬しようとしているが、これは憲法で禁じられている。

モースルでは、二〇〇三年の侵攻直後、さまざまな異なった信条を持ったスンニ過激派[9]が、アメリカの占領に抵抗するために連立を組んだ。二〇〇四年一一月、テロリスト・グループの一つが、ほぼモースルを制圧した。警察署を破壊し、暴動を続け、ついに大統領官邸にまで迫った。大統領の警護には、少数の警察官しかいなくなってしまったので、クルディスタン地域政府に助けを求めざるを得なくなった。これが、モースル市内にクルディスタン軍を導入することになり、デモや暴力をもたらすことになった。この混乱の状態は、二〇〇九年の選挙まで続いた。この選挙で、モースル市民は、バグダード中央政府の議員であったウサーマ・ヌジャイフィ（Osama al-Nujaifi）の弟アティール・ヌジャイフィ（Atheel al-Nujaifi）を選んだ。彼の就任後の治安は、一部に改善は見られたものの、地域議会と知事、地域保安警察とバグダードの中央政府の間で紛争は続いた。そのために、強力な支配力を持った議会を作り上げることができなかった。その結果、保安と政府の状況は悪化し、さまざまな過激スンニ派の戦闘グループが統合し、強力になった。このグループの中には、バグダードの中央政府から閉め出された旧バアス党員、サダムの革命指導評議会副議長、バアス党地域指導部副書記長をしていたイッザト・ドゥーリー（Izzat Ibrahim al-Duri）に率いられたナクシュバンディー教団軍（Naqshbandi）と呼ばれるグループ、アル＝カーイダとサラフィー主義グループ、また以前は「イラクのイスラム国[10]（Islamic State of Iraq）」と呼ばれ、現在は「イスラム国」（Islamic State/ IS）と呼ばれるグループなどがある。これらの戦闘グループは、モースルの急進的イスラム教徒住民の援助を受けていたし、中には、民兵に加わるものもいた。市民に対する圧迫は次第に強くなり、殺害、誘拐、ゆすりがひどくなった。過激派イスラム教徒は、いろいろな名前を使って、人々に近づいてきている。たとえば、「レジスタンス」、「ムジャヒディン（ジハードを遂行する者の意）」、「イスラムの君主」、「イスラム・サポーター」、「ムハンマド軍」、「ナクシャバンディー教団」、「イラクのイスラム国」のような名前が挙げられる。明らかに、これらの異なったグループの間には協力関係があり、テロ行為をコントロールしたり、モースルで保護金（[訳者]脅迫・暴行を受けない保証として支払うお金）を徴収したりしていたが、二〇一四年六月、ＩＳが支配権を握った。これについては、後ほど詳しく述べる。

中東では、チュニジアの街頭で物売りをしていた男性[11]が、二〇一〇年一二月一七日、焼身自殺をしたことが引き金となって、アラブ全域で民主化を求めてデモや暴動の波が始まり、広がった。いわゆる「アラブの春[12]」である。そしてチュニジア、リビア、エジプト、イエメンの独裁政権が倒された。小規模な民衆の反乱は、中東のほかの国[13]でも発生したが、政府によって鎮圧された。

シリアでは、バッシャール・アサド（Bashar Hafez al-Assad）のバアス党政体に反対する草の根市民反対運動家が中心となって、二〇一一年三月に、平和的デモが始まった。あらゆる宗教や民族の若者や労働者が参加し、「ムスリム同胞団[14]」も含まれていた。しかし、二〇一一年八月の始まりまでには、それが深刻な内戦にまで発展し、国を滅ぼしてしまった。何百人という市民を家から追い出してしまい、真空地帯が生じ、ＩＳがシリア領土に侵入することを許し、ついには、東部ラッカまで支配するようになってしまった。

エジプトでは、ムバーラク（Husni Mubarak）大統領が打倒された後、ムスリム同胞団が、政府を接収してしまった。しかし、市民権を乱用したことで、政府軍が二〇一四年、再びそれを奪回した。

レバノンはシリアの紛争に続いて、分裂が深刻化し、莫大な数の難民の流入と過剰な暴力を処理しなければならなくなった。ＩＳの戦闘員は二〇一五年一一月一三日、シーア派ハマースの拠点を攻撃した。二人の自爆テロリストが南ベイルートを襲い、四三人を殺害、二三九人の負傷者を出した。レバノンは、ミシェル・スレイマン大統領の任期が終わった二〇一四年五月二五日以後、未だに新大統領の選挙ができていない[15]。

聖地イスラエルでは、何年も続いた交戦が、二〇一四年七月八日に、ハマース[16]の支配するガザで再燃した。イスラエルの砲撃とハマースのロケット弾が二一〇〇人もの死者を出したが、その大部分はパレスチナ人であった。

トルコは、ＩＳとムスリム同胞団と話し合いをし、同時に外国のジハーディストを国境からイラクやシリアに入国するのを許しているという奇異な駆け引きをしている。またクルド反乱軍と戦い、北部イラクのキリスト教徒の住む村には砲弾を浴びせかけている。しかし、二〇一五年七月と八月にＩＳによる攻撃が多発するようになってからは、トルコは、ＩＳ攻略側の連立に加わった。しかし、多数の難民がヨーロッパに入るのを許したり、トルコ人がヨーロッパにビザなしで入れるようヨーロッパ諸国に求めたり、難民の洪水がヨーロッパに流れこむのを統制するために多額の金を要求したりするのをみると、まるでヨーロッパをゆすりにかけているようである。

状況は、日々変化しており、複雑化している。リビアのような他のアラブ諸国では、ＩＳ戦闘員が潜入し、攻撃を加えている。イエメンでは、シーア派のフーシ派[17]（Houthis）がサナアと南イエメンの一部を支配しており、そのためにサウジアラビアとその同盟国[18]がフーシ派に対する報復の空爆を行っている。

この混乱のさなか、ロシアの大統領ウラジーミル・プーチンが介入し、ラタキアのロシア軍事基地[19]を強化した。彼のこの行動の主なる目的は、アサド政権を支援することであったが、ISを攻撃するという意図を表明し、西側連合や、アラブ、クルド、イランの軍にもこの戦いに加わるよう呼びかけている。しかし二〇一五年一一月二四日に、トルコがロシアの戦闘機を攻撃したことで、シナリオ全体が別方向に動いてしまった。トルコがNATOの一員であることから、この攻撃がNATO諸国とロシアの間の衝突になるのではないかと考えられたが、二〇一六年三月にウラジーミル・プーチンが、ロシア軍を撤退させ、IS攻撃の役割は終わったと主張したことで、この問題は決着したように思われる。

この複雑な状況のもと、自国の政治的関心とか宗教的関心から、私利私欲で動く国が多い。西側諸国は、アサド政権を倒そうという意図から、レジスタンスを援助しているが、その中にはムスリム同胞団や他のイスラム過激派も含まれている。イラン、ヒズボラ[20]、ロシアは、常にアサド政権を背後で支えた。サウジアラビアは、さまざまな国のアル＝カーイダの関連団体に資金を供与しているし、カタールは、ムスリム同胞団を支えている。

言うまでもなく、戦争、腐敗、人道主義の悪用が、中東全体をばらばらに引き裂き、何百万人という人たちがシリアやイラクを出て、隣国や西側諸国に逃れている。何万という難民が最近ヨーロッパに押し寄せ、ヨーロッパ自体に脅威をもたらしているのは、この混乱の結果である。密売人が、人々をすぐにでも壊れそうなもろいボートに乗せ、トルコやリビアの海岸からギリシアやイタリアに運んでいる。ある人たちは、徒歩でハンガリーに出て、ロシアを通過し、ノルウェーまで行っている。多数の人たちが、海岸に着く前に海で溺れ死んでいる。またヨーロッパの船に助けられて、無事到着する人たちもいる。避難所を求めているのは、迫害を受けている純粋な人たちであり、主としてシリアから来ているが、そのほかにもアフガニスタン、イラク、リビア、ソマリアからも来ている。また逃れてきた人たちの中には、戦争や迫害とは無関係の日和見主義者も相当数いる。二〇一五年一一月一三日、パリを襲った自爆テロリストの一人[21]は、シリア人で、難民と一緒にギリシアに渡り、ヨーロッパを通ってフランスに行き、当日の残虐行為に加わったと言われている。

　中東を巻き込んでいる厳しい状況に、多くのヨーロッパ諸国、合衆国、ロシアも関わっており、ＩＳやその他のテロリストに対抗するために、それぞれの国がばらばらで対応している。しかし、もはや一国だけでは、処理できない状態になっている。イラク人やシリア人は、自国で起こっていることに圧倒されてしまい、途方に暮れている。また両国のキリスト教徒たちは、自分たちの共同体が危険にさらされていると考えている。彼らは、武器を持っていないことから、自分たちの権利や安全に関心を持っていないように思われるからである。また、彼らは、キリスト教徒である自分たちが大量虐殺の目標になっていると感じている。

2　イラクのキリスト教共同体に影響を与えた出来事

バグダードでは、ずっと自動車爆破テロ、自爆テロなどを含む暴力行為が散発的に起きていた。特にシーア派の地域がひどかった。国中のライフラインが切断され、人々は電気や清潔な水という基本的なサービスを受けられないで苦しむことになった。二〇一五年の夏、このことが原因で、バグダードの南部では、ほとんどの学校で、新学期の始まる日を延期しなければならなかった。人々は、毎週金曜日、腐敗に反対し、改革と必需品を求めて、街に出て、デモを行った。

キリスト教徒に対する迫害は止むことなく続き、誘拐、ゆすり、処刑に苦しんだ。誘拐された後、殺害された者もいる。ある者は家の玄関で、またある者は職場で、キリスト教徒というだけの理由で殺された。二〇一五年の夏、バグダードにいたカルディア教会の司祭が語ってくれたところによると、彼が、バグダードにいたとき、数人のキリスト教徒が誘拐され、身代金を払ったのにもかかわらず殺害された。ほかの人たちは、要求された金額を支払った後釈放された。ある裕福な人は、一〇万ドルを支払わなければならなかったということである。

モースルの状況は最悪になり、モースルの司教が、自分たちの権利を求めてデモを呼びかけた。

人権主義団体「ハムラビ」[22]の援助も受け、二〇一〇年二月二八日、大規模なデモがバグダードとニネベ平原の町々で行われた。人々は、プラカードを持って、バグダードの中央政府とモースル地域当局に、キリスト教徒の命を守り保護してくれるよう求めた。

私が、二〇一一年、クルディスタンのアルビールに行ったとき、私の出生地モースルを訪問したいと思ったが、危険すぎると言われた。私は、二〇〇五年に誘拐されたモースルのカトリック教会ジョルジュ・カスムーサ司教に面会した。彼は、自分が釈放されてからというもの、モースルの生活は耐えられない状態になっており、住居をカラコシ[23]に移さなければならなくなった。そして週一、二回モースルに行って、牧会の仕事を行っていたと教えてくれた。

驚くべきことには、モースルは、キリスト教徒が生活していくには大変危険になってきているのにもかかわらず、かなりの人たちが、迫害に挑み、ジズヤを支払い、家に住み続けている。また、近隣のキリスト教徒の住む村からは、学生たちが、常に脅迫にさらされながらもモースルの大学に通っている。

個人に対する日々の脅しと迫害とは別に、二〇一〇年以後、多数のキリスト教徒を殺害し、ほかのキリスト教徒を恐怖に陥れ、イラクのキリスト教の存在を脅かそうという明らかな意図を持った事件がいくつも発生している。

（1）カラコシからモースル行き学生護送バスの襲撃事件

二〇一〇年五月二日、カラコシとその周辺の村からモースルの大学に通う学生たちを乗せたバスを襲撃する事件があった。この襲撃はできるだけ多数の人を一気に殺そうと周到に計画されたものであった。その日、一九台のバスに一二八六人の学生とモースル大学の一〇八人の教授と職員が乗っていたのだが、二カ所に設置されたチェックポイントの間で襲撃の網にかかってしまった。第一のチェックポイントを通過し、第二のチェックポイントに入る前、バスの通路のところで道路脇の爆発物が炸裂した。恐怖と混乱で、学生たちはバスを降りはじめた。続いて即席の爆発物を乗せた一台の車が、バスに向かって近づいてきた。この爆発現場の近くに店を構えていたあるキリスト教徒の店主が、その車を見つけ、何が起ころうとしているかを察知した。その車を追いかけ、学生たちに向かって、バスを降りないようにと大声で叫んだ。危険を目の当たりにして、爆発の影響を最小限に留めたいと思ったからである。シリア・カトリック教会の現在の司教であるペトルス・モシ司教は、この事件の詳細を語ってくれたが、突然雨が降り出して、爆発物の効力を弱めることになったのは、神の憐れみと直接介入であると言っていた。そういうわけで、最後に車が爆発したときには、予測されていたほどの被害にはならなかったが、車を追いかけていた店主は亡くなった。私の個人的な考えでは、彼こそ本当の殉教者である。学生について言うと、一人が頭に重傷を負い、即死した。一八六人の学生は重傷で、近くの病院に運ばれたが、そのうち二人が後に亡くなった。一〇〇人は軽傷であった。

学生たちやこのバス通学を計画した宗教団体は、イスラム教徒にならない限り、学生はモースルに入ってはならないという警告を受けていた。しかし彼らは大胆にも、兵隊に護衛された護送バスで通学し続けていた。この残虐行為の後、当局は、人文学を学ぶ学生には、カラコシのシリア・カトリック教会で授業が受けられるようにし、医学、歯科学、薬学の学生は、クルディスタンまたはキルクークの別の類似した大学に移るようにと取り決めた。

(2) バグダードのシリア・カトリック教会襲撃事件

二〇一〇年一〇月三一日、バグダードのシリア・カトリック教会「サイダト・ナジャト(救済の聖母大聖堂)」が身の毛もよだつような方法で襲撃された。これはそれ以前の教会襲撃方法とはまったく異なっていた。最も注目すべき点は、実行犯が責任を認め、「イラクのイスラム国」と呼ばれる団体に属していると声明[24]を出したことである。それは日曜日の夕拝(夜のミサ)を行っている最中であった。教会には、三〇〇から四〇〇人が集まり、礼拝者でいっぱいであった。五時に、ベストに弾薬を装着したテロリストが八人、警備員を殺害した後、教会の中になだれ込んだ。中に入ると、ドアの鍵をかけ、祭壇のところでミサを務めていた二人の司祭の方に向かった。司祭の一人が、降りてきて、テロリストに、お話をしましょう、また会衆を解散させてほしいと静かに願った。その司祭はその場で射殺され、もう一人の司祭も殺された。ワシム・サビー神父二七歳とタイル・サアド・アブダル神父三二歳であった。次にテロリストたちは、礼拝者を礼拝堂の真ん中に集め、人質とした。それから、彼らは携帯電話で当局に連絡し、イラクで囚人になっている仲間の釈放[25]と、彼らの言うところによると、イスラム教からキリスト教に改宗したため、エジプトのコプト教会（訳者：キリスト教の一派）の中に「捕われている」（訳者：匿まわれている）キリスト教徒を解放するように求めた。続いて、手当たり次第に、機関銃と手榴弾を使って殺害を始め、反キリスト教の議論をふっかけて会衆を愚弄し、教会をぶっ飛ばすと脅した。次に男性を撃ち、続いて女性や子供に銃を向けた。やっとのことで脇の部屋に入り、錠をかけて逃れた人もいる。その中の一人が、司祭のラファエル・クタイミ神父七五歳である。彼は胸に大けがを負い、何度も手術を受けたが、なんとか命だけは取りとめた。警察が六時に到着したが、何の手だてもできなかった。九時に軍隊が到着し、ドアを破り、教会に突入した。五時間にわたる封鎖状態が終わってみると、五二人の礼拝者が犠牲になっていた。中には八人の子供、二人の司祭、七人の保安員がいた。また七〇人以上の負傷者、中には重傷者もいた。テロリストたちは、弾丸が切れると、ベストの爆薬を爆発させたが、中には逮捕された者もいる。イラクの防衛大臣は、バグダードの巡査長を含む多くの容疑者を拘留したと伝えた。

シリア・カトリック教会のイグナチウス三世ユシフ・ユーナン総大司教は、キリスト教礼拝場所の安全が確保されておらず、西側諸国が関心を示さないことを批判した。彼は、アメリカ議会、国連、国際公民権委員会（International Commission for Civil Rights）、アラブ連盟に、この攻撃を糾弾し、信仰のゆえにテロの標的とされる無実のキリスト教徒を守るために適切な対策を講じるように要求した。

教皇は、いち早くこの攻撃を非難し、イラクの信徒たちとの連帯を表明した。英国上院議員であるコックス男爵夫人は、迫害されている少数派に代わってキャンペーンを行い、「これは明らかに、国からキリスト教徒を一掃しようとする試みである」と語った。

イラクのキリスト教徒に対するこの残虐行為は、初めて、国際的なニュースになった。というのは、この攻撃が、可能な限り多くの人を殺害し、ほかのキリスト教共同体の人たちを恐怖に陥れようとする、極端に非道な行為だったからである。イラクの政治指導者やイスラム教指導者たちだけでなく、国家的、国際的な政治家など幅広い政治家たちはこれを断罪した。さらにバグダードやイラクのほかの町、また多くの西側諸国で、正義を求めて大規模なデモが行われた。しかし、イラクのキリスト教徒に対する迫害は、国家、地域、また国際的な関心事とはならなかった。[26]

（3）家の襲撃事件

救済の聖母大聖堂襲撃の九日後、二〇一〇年一一月の火曜日の夕方と、水曜日の朝、一二以上のキリスト教徒の家が襲われた。『ガーディアン』紙のインタービューに答えたイラク・キリスト教贈与基金（Iraq Christian Endowment Fund）のアブドゥラ・ナウファリ事務局長は、「今週になって、状況は変わってしまい、イラクに留まりたいというキリスト教徒を見つけるのが難しくなった。救済の聖母大聖堂襲撃は、今までの残虐行為でも最悪のものであったが、今は、キリスト教徒の家が襲われている」。

『カトリック・ヘラルド』紙は、次のように述べている。「この襲撃は、中東のある〈分子〉たちが、その行動範囲を拡大して、キリスト教そのものを、その中核安全地帯から閉め出そうという努力の一部であるという結論を出さざるを得ない」。

（4）クルディスタンのアルコール業者への襲撃事件

二〇一一年一二月二日、イマーム（導師）がクルド人の町ザーホーのモスクの一つで、燃えるような説教をし、アルコールの販売を批判した。それに続き、暴動が始まり、暴徒は、町を荒らし回り、アルコールを販売する店やバー三〇カ所以上を焼き打ちし、三つのホテルに損害を与えたが、これらはすべてキリスト教徒が所有するものであった。クルディスタンのもう一つの町ドホークでは、キリスト教徒の社交クラブに火をつけ、近くのスメアルとシエオズの村を襲い、キリスト教徒やヤズィーディー教徒が所有するアルコール店を襲い、酒の輸出入を行っている会社を焼き払った。この破壊行動は、土曜日まで続き、マンスーラの村にまで暴動は広がった。そこでは、暴徒が教会を襲い、キリスト教徒の家に石を投げつけた。警察官が彼らを追い払ったことで、やっと騒ぎは収まった。

（5）ISの台頭とモースル市とニネベ平原からのキリスト教徒一掃作戦

二〇〇三年のイラク侵攻に続き、アメリカ軍がイラクに駐留していることに反対する運動に参加していたイスラム過激派グループの一つが、ＩＳのそもそもの始まりである。二〇〇四年には、アル＝カーイダに忠誠を誓い、ほかのスンニ派の過激組織と合体し、「ムジャヒディン・シュラ評議会」を結成した。彼らの目的は、イラク内のスンニ派が優勢な地域に「イスラム国」を建設することであった。そして二〇〇六年から二〇〇八年まで、アンバール県のイラク軍・米軍と戦った。アンバールの反乱が制圧されると、モースルに集結し、「イラクのイスラム国（Islamic

State of Iraq）」と自称した。二〇一一年のシリア内戦で、彼らはシリアのスンニ派多数地域に移動することを容易にし、ラッカ、イドリブ、デル・ゾールとアレッポで強力な存在となり、名前を「イラクとレバントのイスラム国」（Islamic State of Iraq and Levant/ ISIL）または、「イラクとシリアのイスラム国」（Islamic State of Iraq and Syria/ ISIS）と変更した。二〇一三年に、その指導者であるアブー・バクル・バグダーディー[27]が、「アル・ナスラ前線」またの名を「アル＝カーイダ」との合併を公表したが、アル・ナスラの指導者たちは合併を拒否し、ＩＳＩＬと手を切った。シリアで内戦が続き、彼らはそこで自力を拡大する鍵になる役割をして、重兵器を手に入れ、原油とガスを違法に密売したことによって多額の資金を入手することになった。二〇一四年六月五日、ラッカから長蛇の装甲車がモースルに近づき、ジハーディストが、モースルを防衛するはずのイラク軍に発砲を始めた。イラク軍は、最低の抵抗をしたものの、上級将校が義務を放棄し、武器と装具を残したまま逃亡した。モースルの町は、二〇一四年六月九日にジハーディストの手に落ちた。グループは、名前を「イスラム国」（ＩＳ）とした。モースルの人たちは、治安は確保されているし、安全だと安心させられた。道路を封鎖し、動くのに邪魔になっていたセメント・ブロックが取り除かれ、チェックポイントが取り去られ、人々は自由に歩き回れるようになった。人々は、状況が、正常に戻ったという印象を持った。一〇日ほど続いたこの期間に、ＩＳは、協力者たち[28]に、強制的に、自分の側につくか、そうでなければ殺すと通告した。

二〇一四年六月二九日、アブー・バクル・バグダーディーは、モースルのグランド・モスク（ジャミ・カビル）で、世界規模のカリフ域[29]を設立すると伝えた。説教壇から、彼は自分がイスラム国の正統なカリフであると宣言し、国境のない「国」として、すべての人に服従を命じた。ISは、特殊な法律を制定し、町にISとしての特質を押しつけた。最初の憲章は、「メジナ文書」[30]で、その後も、憲章はいくつも続いた。彼らは次のように明言している。（1）人々は規則に従う限りにおいて安全である。（2）銀行の金はベト・マル（「金の家」の意）のものとし、その使い方はカリフだけが決定できる。（3）ISの旗以外の旗は用いてはならない。（4）「イラク共和国」の名前は「イスラム国」で置き換える。（5）女性は、家に留まり、外出時には、ニカブ（完全な覆い）を身につけ、男性は、アフガン・スタイルの服装をしなければならない。（6）モスクはすべてメジナ文書に従って祈りと説教を統一しなければならない。（7）町の像は、すべて取り除く。（8）有名な詩人、イマーム、預言者の墓を破壊する。（9）文部省は、ディワン・タリーン（「教育の家」の意）に置き換える。次の科目を禁じる。法律、哲学、音楽、外国語、歴史、地理、その他ナショナリズム、自由、文化などに関係あるすべての科目。また大学では、男女を分ける。（10）病院では、男性の医師は、女性の患者を診たり、治療したりしてはならない。同様に、女性の医師は、男性の患者を診てはならない。（11）司法裁判所を廃止し、シャリーア法を用いる。（12）モースル博物館を破壊する。また、古代の教会の上に建てられたモスクであって、ヨナが葬られた場所だと考えられているナビ・ヨウニス（預言者ヨナ）、マル・ベーナムやマル・ギワルギスのような有名なキリスト教修道院、古代の宗教遺跡、ほかに教会や遺跡を破壊し、モースル市の宗教、文化遺産を消す。

彼らは大量虐殺を行い、宗教にもとづいて、民族浄化をしようと、非道な支配を始めた。それ以後、ＩＳは、イラクとシリアの国境を越えた国々に侵入してきており、忌まわしい残虐行為を行い、犠牲者は少数派のみならず、モースル地方のイスラム教徒にまで及び、これらの犯罪[31]に敢えて反対しようものなら、斬首されている。シリアでは、デル・ゾール地方が攻略されたとき、七〇〇人の原住民が処刑された。二人のアメリカ人ジャーナリストが絵に描いたような生々しい様子で斬首されてしまう。また、ラッカ空爆の途中、ヨルダン人パイロット[32]が操縦する飛行機が追撃され、彼は生きたまま焚刑に処せられた。

二〇一四年六月二五日、ＩＳは大砲でカラコシを襲撃した。これは三日間続き、この間に、カラコシのほとんどの住民は、町を離れた。ただ、残ったのは、司教、司祭、また抵抗に耐えるだけの力を持った住民だけである。三日後、ＩＳは後退し、カラコシの住民は家に帰った。シリア・カトリック教会のマル・イグナチウス三世ユシフ・ユーナン総大司教は、助手のジョルジュ・カスムーサ司教とともに、ベイルートを出て、カラコシに行き、カラコシにある古い大聖堂でミサを執り行った。人々は、帰ることができた喜びはあったものの、不安で、さまざまな問題に悩まされた。最大の問題は、ＩＳが、モースルから供給されるニネベ平原の水と電気の供給を断ったことである。人々は井戸を掘り、発電機を購入し、隣接したクルド人の町から電気を手に入れた。

ＩＳによるモースル占領から最初の二週間は、モースルの出入りは容易であった。多くの人たちは、抜け目なく、自分たちの持ち物を持って、町を出た。残っていた人たちの話を聞くと、キリスト教徒の女性は仕事を追い出され、ニカブを身につけることが強制されたということである。家族は、割当の配給食料品を与えられず、キリスト教徒の経営する店に頼るか、食料を持ってきてくれる親切なイスラム教徒に頼ることになった。

二〇一四年七月一八日、布告が出され、モースルのモスクのスピーカーから放送された。それによると、キリスト教徒には、三つの選択肢がある。一番目の選択は、イスラム教に改宗すること、二番目の選択は、一人当たり月五〇〇ドルのジズヤを支払うこと、三番目の選択は、二〇一四年七月二〇日、昼の一二時までにモースルを出ること、であった。キリスト教徒の家には、Ｎの印がつけられた。これはクルアーンの中で使われている、キリスト教徒のことを表す「ナサラ」(33)の頭文字である。

二日間で、一〇〇〇家族以上がモースルの家を出て、ニネベ平原とクルディスタンの村に向かった。彼らの家も持ち物もすべて没収された。車で出た家族は、チェックポイントで止められ、持ち物全部を没収された。その中には身分証明書まで入っていた。

カルディア教会の「無原罪マリアの娘修道会」(Daughters of Mary Immaculate) の尼僧シスター・ウトールは、世話をしていた一八人の孤児を連れ、安全な場所に向けて早めに出た。ことの深刻さを認識できず、彼女はもう一人の尼僧と所持品を取りに戻った。チェックポイントで、IS警備員に全員が捕まった。彼女が聞いたのは、外国訛りのあるアラビア語であった。彼女は、長官から呼び出され、尋問を受けた。彼は、イスラム教に改宗するようにと彼女に言った。それに答えて、彼女は、「もう五〇年もキリスト教徒でいるので、いまさら変わるのは無理です」と答えた。金が求められると、彼女は、「私は面倒を見なければならない孤児がいる」と答えた。ラマダンの期間中、孤児たちは、親切なイスラム教徒に助けられたとも伝えた。数日間、拘置されていたが、その後釈放された。

ピオス・アッファス神父は、モースル旧市街にあるシリア・カトリック教会の最も美しく古い教会であるマル・トマ教会で奉仕し続けていた一人であるが、私に次のように語ってくれた。また、さまざまな事件が明らかになることによって、モースルの人々が、どのように感じているかも語ってくれた。人々は、「イラクのイスラム国」というグループが存在していることは知っていたが、ほかのイスラム教過激派とはっきり違う思想があるのかどうかは、よく知らなかった。ほとんどのキリスト教徒は、月々のジズヤを支払っていたが、どのグループがその金を集めているのかは知らなかった。明らかに、グループ間での協調関係があった。ピオス神父は、モースルのマル・トマ教会とカラコシの間を容易に行き来していた。しかし、彼が二〇一四年六月五日にモースルにいたときに、ひどい空爆と爆発音が聞こえた。彼の話によれば、町中にいると、誰と誰が戦っているのか誰にもわからなかったが、反乱軍が政府軍と戦っているのだろうと想像していた。外出禁止令が出ていたので、誰も家を出られなかった。しかし、二〇一五年六月一〇日に、モースルがジハーディストの手に落ちたと伝えられるや、人々はモースル旧市街を出て、町の東側に向かった。そこがより安全だと考えたからである。神父の話によれば、モースルの古い橋には、みんなが先を争って渡ろうとして、足の踏み場もないほど人々が押し寄せていた。また迷子にならないように、親族の名前を呼び続けていた者もいたということである。やっとのことで、神父は橋を渡り、シスターの家に着いた。そして、みんなで相談して、ニネベ平原の小さな村バーシカに行くことにした。チェックポイントで警備員が彼らを迎え、キリスト教徒に感謝しているると言った。これを聞いて、彼は勇気づけられ、翌日マル・トマ教会に戻って、重要書類と文書を取ってくることにした。しかし、これが、彼が彼の愛するモースルに行った最後である。彼は最後までモースルに寄り添ったのである。

シリア・カトリック教会のペトルス・モシ司教は、カラコシに住んでいるが、彼はモースルからの宿無しになった五五〇〇家族を受け入れた。そのうち一六〇〇家族は、所持品を全部取られてしまっていたが、早目に出た家族は、出るときに、なんとか現金と金（きん）を持って逃げた。司教は、みんなの故郷が攻撃される前に、みんなを定着する手助けをした。

共同体の反応は、ショックと恐怖であった。このような猛烈で残酷な民族一掃や、ほかの信仰を持つ人たちに妥協しない態度が二十一世紀に起こるとは、信じられないことであった。そういうわけで、一九二〇年の創立以来、イラクで最大のキリスト教共同体があったモースルには、キリスト教徒が、まったくいなくなってしまった。二〇一四年に家を出た人たちは、以前モースルで生活していた何万という人たちの生き残りである。その起源を辿れば、キリスト教の初期の時代にまで遡ることができる。

二〇一四年八月、ISは、ヤズィーディー教徒(34)とキリスト教徒をモースル県の村から追い出しはじめた。一番苦しみがひどかったのは、ヤズィーディー教徒であり、虐殺させられた者もあり、女性たちは奴隷にされた

二〇一四年八月六日早朝、ISが重砲で村に二回目の爆撃を始めた。九時と一〇時の間に、爆弾の一つが一軒の家に落ち、二人の子供と婦人が死亡し、この町の最初の殉教者になった。ニュースはいち早く伝えられ、人々はパニック状態に陥った。多くの人が直ちに町を出た。ほかの人たちは、少し待って、クルド人戦士が町を守り続けてくれるかどうか、はっきりした情報を待った。モシ司教は、クルド人当局に、軍の状況はどうなっているか、ペシュメルガが続けてISと戦ってくれるかどうかを尋ねて、確かめようとした。将校に何度も電話をかけたが、答えは、ど

れも決定的なものはなく、混乱していた。午後になって、教会の指導者は、町を出ることを決定した。特に、数日前のヤズィーディー教徒に対する残虐行為のことを聞いていたからである。はっきりした応答が得られないまま、モシ司教は、二〇一四年八月七日午前〇時三〇分、町を出た。午前三時三〇分、クルド軍将校から電話を受け、これ以上カラコシを守ることはできないので、撤退したという連絡があった。撤退の理由は、イラク軍の兵器庫やシリアから略奪・獲得した武器で装備していたＩＳの兵士の方が、兵力で優っていたからということであった。

カラコシのほとんどの住民は、クルディスタンのアルビールに向かった。自家用車に必需品を乗せて出た者もあれば、レンタカーを借りたり、バスで逃げたりした者もいた。ある人たちは、誰かが助けにきてくれるまで徒歩で町を出た。ある段階で、道路が車や人で塞がれてしまい、動くことができなくなった。カラコシからアルビールまでの距離は六七キロで、普通だったら三〇分から四五分で行ける距離であるが、道は混み、混乱状態で、その上、チェックポイントで待たなければならなかったので、一五時間から二四時間もかかった。道で死者が出なかったのは奇跡であったが、一人だけチェックポイントで、急いでいて、ほかの車を追い越そうとしたため銃殺された。避難を続ける途中、近くのクルド人の町で一息ついたが、親切なクルド人たちは、彼らに水と食べ物を与えた。そして、やっとのことでアルビールのアンカワに到着した。しかし、四〇人ほどの人たちは、カラコシから出なかった。彼らがどうなったかは誰にもわからない。逃げる途中、小さな子供は母親から引き離され、若い女性は、兵士に誘拐された。モシ司教は、彼らを解放するように熱心に交渉をしたが、成功しなかった。彼らは、今はＩＳの捕虜となっており、彼らがどうなっているのかは誰も知らない。

ニネベ平原[35]の近くにあるキリスト教徒の村々は、軍事的な攻撃は受けなかったが、キリスト教徒は全員村を出るようにという通達を受けた。モースル市の南東には、カラコシ、バルテッラ、カラムレーセ、バーシカ、バヒザニ、マル・マッタ修道院、マル・ベーナム修道院があり、モースルの北東には、テルカフェ、バトナイェ、テリスキフ、バコファ、シャラフヤとアルコシがある（地図参照）。

カラコシに住むキリスト教徒が町を出たあと、すぐに近くの村々に住む人たちも同じように村を出た。二日経つと、カラコシとその周辺の村々からキリスト教徒がいなくなった。残ったのは、アルコシとシャラフヤの人たちだけであったが、ここは、平原の一番奥にあり、ドホーク県のクルディスタン国境に近かったからである。彼らは、今はクルド人とその地域の民兵によって守られている。モースルの南東の村々に住んでいたキリスト教徒たちは、ドホークに向かった。ドホークやアルビールのアンカワ地区までは、普通であれば三〇分で行ける道のりであるのだが、混雑状態のため、二〇時間以上かかった。人々はショックを受け、疲れ切って、教会に避難した。教会の中も外もいっぱいになると、人々は庭や人のいないビルでごろ寝をした。八月の灼けつくような暑さで、日陰を求め、コップ一杯の水をくれる人を待った。ある人たちは、ビルの壁に近い歩道で寝たし、車の中で夜を過ごした者もいる。

アルビールのバシャル・ワルダ大司教は、二〇一四年八月七日の午後六時半に、アンカワのカルディア教会聖ヨセフ大聖堂に着き、そこで彼らを迎えた。教会堂と隣接する施設は避難してきた人たちでいっぱいになった。『オブザーバー』紙の二〇一四年八月九日号には次のように報告されている。

ワルダ大司教の大聖堂の敷地では、北部イラクのキリスト教徒たちが、避難場所を見つけようとしていた。ある者は、からからに乾いた茂みの下に縮こまっており、ほかの者は、教会事務所の日陰に沿って移動している。それで、灼けつく太陽を避けることができる。子供や婦人たちは、食堂を当てもなく歩き回る。老人は、空《くう》を見つめる。教会敷地には四〇〇〇人の絶望した人たちがおり、みんなは、そんな状況に置かれていることにショックを受けていた。[36]

次第に、ほかのカルディア派の教会も、シリア・カトリック教会の施設「スルタナト・サラム」も人でいっぱいになった。クルド政府当局は、宿無しになった人たちを避難させるために、一時的に公立学校を開放するように指示した。ちょうど夏で、学校が休暇中だったからである。この目的で一一校が開放され、彼らは感謝して、そこに避難した。ほかの公共施設も宿のない人たちに避難場所として提供された。寛大な人は、アルビールで未完成のビルの部屋を提供した。その部屋は営利目的で貸し出されていたものであったが、家のない人たちが使えるように配慮された。ビルに避難することができなかった人たちには、八月の灼けつく太陽から身を守るためにテントが支給された。

疲れ切って打ちのめされた人たちがアンカワに到着すると、住民は、聖職者と一緒になって、入り口で水と食料を配りはじめた。アンカワの多くの家族が、これらの不幸な人たちを迎え入れた。また住民の間で、きちんとした収容所設備ができるまでの間、自分の家の衛生施設（トイレ等）を使う当番表が作られた。最初の数日間は、打ちのめされた人たちに対する支援計画は、アルビールの大司教が、何百人という地域のボランティアと一緒に行った。数日すると、国際慈善団体や小さな支援団体、またイラクの内外の裕福な個人寄付者から助けが来て、食料、テント、マットレス、毛布とか、他の必需品を供給することができた。

全部の教会の指導者たちが、よく組織された救援事業を開始し、人々を支えるために協力した。当時アルビールには四人の司教がいた。アルビールのカルディア教会バシャル・ワルダ大司教、モースルのシリア・カトリック教会ペトルス・モシ司教、モースルのカルディア教会エミル・ノナ司教、そしてモースルのシリア正教会ニコディムス・ダウッド主教である。力を合わせて、彼らは、その人々を支えるため責任ある支援委員会を作り、共通の銀行口座を作って、世界中の人たちが、難民となった人々のために、寄付ができるようにした。最初は、人々を学校やホール、人の住んでいないビル、テントに一時的に落ち着くようにさせ、必需品を配りはじめた。冬が近づくと、委員会は、寒さから身を守るための適切な避難所を用意する方法を考えはじめた。一番早くて、一番金のかからないのは、移動住宅（キャラバン）を作り、可能であれば、家を借りるというのが良いと決めた。表（巻末参照）では、一七カ所のセンターに難民の人たちをどう振り当てたかが書かれている。センターはアンカワ地区に一二カ所、アルビールの町に五カ所設け、どれも司祭とボランティアが管理し、全員がきちんと必要なものを受け取っているかどうか、またみんなが調和をとれて生活できているかどうかを監視していた。

表を見ると、四六八六家族が、教会からの資金で、キャラバンやビルに住み、七四〇〇家族が、自分たちで家賃を支払っていたことがわかる。この報告によると、難民の数は、五万九五三五人にのぼる。ドホーク、ザーホー、キルクーク、スレイマニヤやクルディスタンのほかの村々からも、ほぼ同数の人たちが家を失ったと思われる。モースルやニネベ平原の村々から追い出された人たちの総数は一二万人に達する。

二〇一五年三月、委員会は、必需品の配布を「カリタス・イラク」に委託した。しかし、教会は、人々の支援を続けた。特に、霊的（信仰上）、教育、保険・医療関係の支援を続けた。二カ所のクリニックが設立され、難民のために無料で診療奉仕した。これには、投薬も含まれる。カルディア教会大司教区は、聖ヨセフ・クリニックを、シリア・カトリック教会はマルト・シュムニ・クリニックを開設した。これらクリニックで働くボランティア・スタッフの中には、アルビールで医療に従事していたか、自身も難民である者たちもいた。難民の多くが、医師であり、看護師であり、薬剤師であったからである。医薬品は、支援団体から支給されていた。これらのクリニックでは、近隣のヤズィーディー教徒やイスラム教徒も治療を受けた。教育に関しては、初等と中等教育のための学校が一三校開校され、そこでは修道女が特に大きな働きを見せていた。難民も、教員や経営者としてこれに加わった。大学生については、次のような措置がとられた。以前二一〇〇人の学生を擁していたカラコシのハムダニヤ大学の学生を収容するために、アルビール大司教区が、特別総合大学を建設するための土地を提供した。科学系の学生は、キルクーク大学に収容し、キルクークのユシフ・トマ司教が面倒を見ている。

（6）子供たちのイスラム教への強制改宗

イラク国会は、国民カード法（訳者：マイ・ナンバー制のようなものか）のために取り組んでいたが、二〇一五年一〇月二七日、憲法第二六条で、キリスト教徒であった親が、イスラム教に改宗した場合、その子供もそれに従い、改宗しなければならないと記載した。この憲法二六条の記載に対して、イスラム教徒以外の国会議員は猛烈な反対をした。彼らは、一八歳になるまでの未成年者は、それまでのままの宗教を守り、一八歳になったとき、自分の信じたい宗教を選ぶことを許すべきであるとした。この法律が成立したとき、イスラム教徒以外の議員たちは、これに抵抗するためにデモを行った。

イスラム教以外の宗教団体（キリスト教、ヤズィーディー教、マンダ教、カカイ教、バハイー教）の宗教指導者、政治・社会団体の代表者たちがバグダードとアルビールの国連使節団の前でデモを繰り広げ、イラク憲法に従い、すべてのイラク人は、性別、民族、宗教にかかわらず、約束されている平等の権利を要求した。この法律の制定は、少数派の恐れを裏付けることになるからである。それは、二〇〇五年に第二条b項に、「民主主義に反するような法律は通過させない」と書かれているにもかかわらず、二条a項で、「イスラムの教義に反する法律は通過させてはならない」と書かれていることの裏付けとなるからである（第一章参照）。この憲法第二六条を制定することは、不当であり、イラクの少数派の存在を著しく不安定にする。

（7）その他キリスト教徒に対する人権侵害

そのほかにも、人権侵害を示す事件が起きていると、二〇一六年一月二〇日にザルツブルクで開かれた会合の際、ルイス・サコ総大司教がヨーロッパ議会のマーティン・シュルツ議長に手紙を書いている。それは、二〇一六年一月二五日から二七日まで、モロッコで開かれた「イスラム教世界の宗教少数派の権利」という会議の席でも読まれた。手紙の中で、彼は次のように述べている。

1　あるイスラム教聖職者は、イスラム教徒が、キリスト教徒に「メリー・クリスマス」と言うことを禁じ、この挨拶は、死に当たる罪よりも重いと言っている。

2　クリスマスツリーが、ショッピングモールや、キルクークの墓地で壊された。キリスト教墓地は取り壊された。

3　キリスト教徒の男性が、イスラム教徒の隣人の未亡人のために証言を頼まれて行ったが、バグダードの女性裁判官は、彼を裁判所から退出するよう命じた。彼女の主張では、キリスト教徒は、イラクの裁判所では証人として受け入れられない、ということであった。

4　イスラム教徒の建設会社の作業員は、キリスト教徒の家や教会を建てることを拒否した。

というのは、そんなことをしたら、不信心者とみなされるからだということである。
5　バグダードの民兵は、キリスト教徒の家や土地、その他の所有物を没収している。
6　キリスト教徒の女性は、処女マリアがしていたように、スカーフを身につけるように、ポスターが（官庁でも）配られた。この行為は、個人の自由に対する恥知らずの押しつけである。

サコ総大司教は、このようなことはイラク全土で日々起こっていることで、すべてがISと関係があるわけではない。しかし、これらの出来事があらゆる少数派の人たちに恐怖と心配を起こさせ、安全な港を海外に求めて、この土地から大量出国する原因となっている。これは、国にとって、技術や能力を失うことで、大きな損失である、と結論づけている。

（8）国内強制移住と国外退去

キリスト教徒が、二〇一四年、モースルやニネベ平原の自分の家から立ち退きを命じられたのは、自国において、過去一一年間にわたりスンニ派とシーア派イスラム教徒の派閥争いという不安定な状況の中の最終段階として起こった直接的な迫害ともいえる。少数派の迫害は二〇〇三年イラク侵攻の直後から始まった。一般的な暴力沙汰、政治的不安定に加え、共通の「イラク国民」としてのアイデンティティが失われる恐れのため、キリスト教人口の半数が国を出ざるを得なくなった。イラクを教派や民族をもとにして三つの地域政府[37]に分割したことで、共通のイラク人というアイデンティティよりも、民族主義、イスラム教派主義が強調されるようになった。結果的に、キリスト教徒や他の少数派は、シーア派やスンニ派、またクルド人であることが強調される中で、自分たちが、そのどこにも完全に属することはできないと感じた。少数派に対する人権侵害は毎日のように続き、キリスト教徒の中には、自分たちがもはや祖国では望まれていないという感情が生まれはじめた。

二〇〇七年から二〇〇八年にかけて、バグダードから追い出された少数派の人たちの多くは、シリアに行った。二〇一四年六月にモースルから追い出された人たちは、ニネベ平原のキリスト教徒の住む村に逃れた。今や、シリアは内戦でバラバラになってしまい、ニネベ平原の村々は立ち退きが命じられ、人々はクルディスタンに移った。そこでは、宿無しになった難民が市民として権利を認められるわけではないものの、歓迎され、守られている。ところが、残念なことにクルディスタン地域政府もバグダード中央政府も、彼らの将来落ち着ける場所について、何ら目に見えるような対策を見せていない。

イスラム国カリフ域ができてから、キリスト教徒たちは、キリスト教の黎明期以来ずっと自分の家であった土地から追い出され、自分たちのルーツや遺産が一掃されるのを見て、打ちのめされた。多くの人が、ＩＳと協力した隣人や同僚に、自分たちがどのように裏切られたかを語っている。家をなくし、無一文になって、生きていくためには慈善に頼らざるを得なくなって、彼らは憤慨し、不安になり、傷つきやすくなっている。キャラバンや未完成の家に住むなど、誰も自分の子供たちに期待しているものではない。この状況は、心理的にも、もっと深刻な影響を与え、出産率にまで影響を与えている。追放されてから、ほとんど二年になるが、ＩＳに対して、地方、地域、国際レベルで非難はなされているものの、またＩＳに対して軍事武力干渉が行われているものの、帰宅を保証するような行動は何も行われていないし、国際社会からも、たとえ家に帰ることができたとしても、彼らを守ってくれるための準備は何もできていない。

この不安定で複雑な状況の中で、人々が祖先の土地を出たいという気持ちは理解できる。二〇一五年九月にアルビールの大司教が発表した報告によると、二〇一四年六月から八月以来、三〇〇〇家族がアルビールを離れた。しかし、この地に残り、国際社会や国連軍によって、彼らの土地が解放され、彼らの保護を保証してくれるという希望を持ちつつ、この問題の解決を待とうという人たちもいる。

二〇一四年八月に、私がヨルダンを訪問したとき、モースルを逃れて、アンマンにやってきた最初の難民に会った。ヨルダン政府は、イラク人に対して、国境を閉鎖していた。しかし、モースルで、ＩＳの支配が始まり、恐ろしい強制移住が始まると、ヨルダン政府は、まずモースルから移住してきた三〇〇家族にビザを発給した。ビザは発給しても、彼らの世話は教会に任せるということであった。彼らは、教会堂に寝泊まりすることになり、カリタス・ヨルダンという支援チームが六カ月の間、彼らの面倒を見る責任を持った。毎朝、カリタスのチームは、難民を受け入れたそれぞれのセンターに、配給の食料とほかの必需品を持って訪れた。しかし、難民が次々とやってきて、カリタスの資金は足りなくなった。この問題に取り組むため、二〇一五年二月五日、ヨルダンの使徒ローマ教皇大使であるモンシニョール・ジオルジオ・リングアが、二〇一四年、またそれ以後続いているイラク難民の状況を検討するための会議を招集した。彼は、ヨルダン王室の役割を特別に賞賛した。ヨルダン王室は、難民受け入れを承認されたその人道的態度ばかりでなく、個人的にも、またハシム慈善団体を通して、資金援助をして下さっているということを強調して伝えた。

この会議で、カリタス・ヨルダンは、二〇一四年以来の難民の数が六七九八人に及び、資金が不足していると報告した。しかし、二〇〇三年以来ずっと、イラクの難民を絶えず援助してこられたラテン教会の司祭であるハリル・ジャアル神父は、「イラクのキリスト教徒支援団体[38]（Iraqi Christians in Need/ ICIN)」とも関係しておられるが、二〇一四年以来のイラク難民の本当の数は、ゆうに一万人を超えるだろうし、今も毎日やってきている、と報告された。それに加え、二〇〇三年以来イラクを離れた難民四〇〇〇〇人が国連難民高等弁務官事務所（United Nations High Comissioner for Refugees/ UNHCR）に登録されており、今なお西側政府に受け入れられるのを待っている。

二〇一六年四月、私がアルビールとヨルダンを訪問したときのヨルダンへのイラク人キリスト教徒難民は、二〇一四年に私が訪問して以来、オーストラリア、カナダ、アメリカに、ある程度の人たちは受け入れられているにもかかわらず、その人数が三倍になっていた。ヨルダンの教会学校は、常にイラク難民の子供たちを受け入れてきたが、今や新しく来る子供を受け入れる場所がない。これに刺激を受け、ハリル・ジャアル神父は、彼の教区学校で、ヨルダン人の子供たちの授業が終わった後、イラク難民の子供のための特別学校を始めた。サナ・ワキ校長は、この学校に登録する子供の数は、毎日増え続けていると教えてくれた。また、ヨルダンへの難民の流入は続いているということである。

一方、レバノンとトルコもほぼ同数の難民を受け入れてきたが、その状況は、ヨルダンと似たり寄ったりである。ただ、トルコには、ヨルダンやレバノンのように彼らを支援するキリスト教団体がない。

注

（1）序章注（4）参照。

（2）［訳者］救済の聖母大聖堂（Cathedral of Our Lady of Deliverance）：アラビア語で、Sayyidat al-Najat。バグダードにある、シリア教会の大聖堂。

（3）［訳者］ダアワ党（Islamic Dawa）：シーア派政党で、現イラク政権の主体となっている。

（4）［訳者］県（Governorate）：「州」と訳されることもある。アルビール（Arbil/ Erbil/ Irbil）、ドホーク（Dahuk/ Duhok/ Dohok）、スレイマニヤ（Sulaymaniyah/ Slemani/ Silemani）、キルクーク（Kerkuk/ Kirkuk）、ディヤーラー（Diyala）、ニーナワー（Ninawa/ Nineveh）等、一九の県からなる（アルビール、ドホーク、スレイマニヤは、正式に「クルディスタン地域」として認められているが、それ以外は、クルド人が、その支配範囲を主張し、拡大している地域）。

（5）クルド過激派イスラム教徒（Kurdish radical Islamists）：「アンサール・イスラム（Ansar al-Islam）」と自称しているグループは、厳密なシャリーア法を強制することを目的にしたサラフィー・イスラム運動として、二〇〇一年にクルディスタンで結成された。二〇〇三年以後、このグループは、アンバールの反乱に加わった。この反乱が制圧された後、アメリカ軍が撤退した後にも、バグダードの中央政府に戦いを続けた。そのメンバーのあるものは、最近ISに合流したが、ほかは合流を拒否した。国連によってテロリスト・グループに指定された。（［訳者］アンサール（Ansar）：「援助者」の意／サラフィー派（Safariyah, Sarafism）：初期イスラムの時代（サラフ）を模範とし、それに回帰すべきであるとするイスラム教スンニ派の一派。）

（6）序章注（14）参照。

（7）事件（incidents）：二〇一四年四月、アルビールのアメリカ領事館の前で、一台の車が爆発し、三人が死亡、一五人が負傷した。死亡した人の中には、アメリカ人はいなかった。ＩＳが犯行声明を出した。二〇一六年二月、車の運転手が知事公舎をターゲットにし、運転手を含め六人が死亡し、一二人以上が負傷した。

（8）クルド政党（Kurdish parties）：クルドには三つの主要政党がある。クルディスタン民主党（Kurdistan Democratic Party/ KDP）、党首はクルディスタン地域大統領マスード・バルザニ、クルディスタン愛国党（Patriotic Union of Kurdistan/ PUK）、イラクの大統領フアード・マアスーム（Fuad Masum）が党員、新党の「ゴラン党（Gorran）」（ゴランはクルド語で「変化」の意）である。この党は、数年前、ＰＵＫから分離した党派で、ナウシルワン・ムスタファ（Nawshirwan Mustafa）が党首である。

（9）スンニ過激派（Sunni radicals）：スンニ派の中では、ワッハーブ派とマフディー派が最も過激である。ワッハーブ派は、サウジアラビアの国教で、アル＝カーイダをはじめとするスンニ派系のイスラム過激組織の総元締めの立場にある。マフディー派は、聖戦（ジハード）の名の下で、聖戦に加わらない者は、すべて抹殺すべきと考えるスーダンの支配的考え方である。

（10）イラクのイスラム国（Islamic State of Iraq/ ISI）：モースルには、早くから存在していたという証拠があり、凶暴なテロリストの性格を持っていた。モースルで小児癌の専門医であったリカ・アル・クゼール博士は、二〇〇五年からすでに「イラクのイスラム国」から、何度も携帯電話を受けていた。

彼女は、病院が歩いていかれるほどの距離であったにもかかわらず、タクシーで通わざるを得なかった。結局、彼女の乗っていたタクシーが襲撃され、彼女は国を出ることにした。彼女はそのとき、タクシーに乗っていなかったので、運転手の息子が射殺された。

（11）ターリク・タイイブ・ムハンマド・ベン・ブアジージー（Tarek al-Tayyib Mohamed al-Bazizi）：街頭で野菜と果物を販売して生活していたが、二〇一〇年一二月一七日、警察から繰り返し攻撃を受けてしまった。彼が屋台の許可書を取っていなかったからである。自分の家族を養うための売品全部を没収された。苦情を述べ、自殺すると言ったが、蹴られ、殴られた。彼は、道の真ん中で、「どうやって、俺が生活したら良いと思ってるんだ」と叫びながら、午前一一時三〇分、油をかぶり、自ら火をつけた。

（12）アラブの春（Arab Spring）：二〇一一年八月二四日リビアのムアンマル・カッザーフィー（Muammar Mohammed Abu Minyar al-Kaddafi：日本では、一般には、「カダフィ」と表記されている）、二〇一一年二月一一日エジプトのホスニー・ムバーラク（Muhammad Husni Mubarak）、二〇一一年六月二〇日、チュニジアのザイン・アービデン・ベン・アリー（Zine al-Abidine Bin Ali）、二〇一二年二月一一日、イエメンのアリ・アブドラ・サレハ（Ali Abudullah Saleh）が、それぞれ倒された。

（13）ほかの国（other countries）：アルジェリア（Algeria）、ヨルダン（Jordan）、クウェート（Kuwait）、モロッコ（Morocco）、バーレーン（Bahrain）、イスラエル（Israel）、スーダン（Sudan）、オマーン（Oman）、サウジアラビア（Saudi Arabia）、西サハラ（Western Sahara）、マリ（Mali）、パレスティナ（Palestine）。

（14）ムスリム同胞団（Muslim Brotherhood）：スンニ派イスラム教徒の組織であり、その目標は、クルアーンを浸透させ、「スンナ」こそが、個人的にも、家族としても、国家としても、イスラム教徒の生活の唯一の基準点であるとする。彼らには、クルアーンが憲法であり、預言者が指導者であり、ジハードが道であると信じている。一九二〇年にハッサン・バンナ（Hassan al-Banna）によって始められた。

（15）［訳者］選挙（election）：ミシェル・スレイマンの後、タンマーム・サラーム（Tammam Salam, 二〇一四―一六）、ミシェル・アウン（Michel Aoun, 二〇一六―）。なお、スレイマンはスンニ派イスラム教徒、サラームとアウンは、マロン派キリスト教徒。

（16）［訳者］ハマース（Hamas）：ヨルダン川西岸とガザ地区を拠点とするイスラム原理主義組織。イスラエルの打倒とパレスティナにおけるイスラム国家の樹立を目指す。名称は「イスラム抵抗運動」を意味するアラビア語の頭文字からなる。一九八七年一二月、イスラエルの占領に抵抗するパレスティナのインティファーダ（Intifadah、「蜂起、反乱」の意）が開始された時期に、アフマド・イスマイル・ハサン・ヤースィーン（Aḥmad Ismail Ḥasan Yasin）、を精神的支柱として、「ムスリム同胞団」のメンバーと「パレスティナ解放機構」（Palestine Liberation Organization/ PLO）の宗教派閥によって設立され、急速に支持を広げた。一九八八年の憲章でイスラエルからパレスティナの支配権を奪い取る聖戦を主張、この姿勢によってＰＬＯと対立することとなった。一九九三年にイスラエルとＰＬＯのパレスティナ暫定自治協定が成立するとこれを糾弾し、自爆テロによる攻撃を強化。

（17）［訳者］フーシ派（Houthis）：イエメン北部を拠点に活動するイスラム教シーア派の一派ザイド派の

武装組織である。スローガンは「神は偉大なり。アメリカに死を。イスラエルに死を。ユダヤ教徒に呪いを。イスラムに勝利を」であり、イランとの連携もあってイスラエルに恐怖感を与えている。

(18) 同盟国(Allies):フーシ派(Houthis)との戦いでサウジアラビアを支援したのは、カタール(Qatar)、アラブ首長国連邦(United Arab Emirates)とバーレーンである。あるものは、軍事的な支援をし、あるものは政治的に支援した。

(19) ラタキア(Latakia)の軍地基地:([訳者]正確な名前は、フメイミム空軍基地(Khmeimim/Hmeimim)。ラタキア市南東に位置するロシア空軍基地)。戦車、噴射推進式戦闘機、戦艦、さらに最も高度な機上発射ミサイルが配置された。工兵は、ロシアがシリアから借用している近くのタルソス港に、海軍主導の威嚇演習場として、一晩で仮設滑走路を建設した。

(20) [訳者]ヒズボラ(Hezbollah/ Hizb Allah):一九八二年に結成されたレバノンのシーア派イスラム主義の政治組織、武装組織。日本の報道機関では「ヒズボラ」と表記されることが多いが、アラビア語の発音ではヒズブッラー、ヒズボッラー。アラビア語で「神の党」を意味する。

(21) 自爆テロリスト(suicide bomber):二〇一五年一一月一五日(日)付、『ガーディアン』紙の報道によると、シリア難民の一人のパスポートが、自爆テロの実行犯の死体の近くか上にあったということである。ギリシア政府によると、同じパスポートを使った人物が、一〇月にギリシアの島に上陸した難民の中にいた。またセルビア政府は、同じパスポートがその数日後、セルビアの南の国境を通過するために再び使われたと言っている。

(22) ハムラビ人権団体(Hamurabi Human Rights Organization):イラクに登録されたNGOであり、

歴史上最古の法典であるハムラビ法典から名前を取った。

（23）カラコシ（Qaraqosh）：バフデダ（Bakhdeda）とも呼ばれる。モースルから四〇キロ南東にあるニネベ平原にある町である。住民の多数がシリア・カトリック教会の信徒である。二〇〇六年にバグダードの家から追い出されたあらゆる教派のキリスト教徒を多数受け入れた。クルド軍によって守られたが、保安状況は完全とはほど遠いものであった。『ザ・タブレット』紙（二〇一〇年八月一四日）において、ジェラード・ラッセルは、爆破事件や誘拐はほぼ毎週起きていると報告している。（［訳者――ブログより］カラコシは……イラクでキリスト教徒が最も多く居住する都市だ。イスラム武装団体である「イスラム国（ＩＳ）」がこの都市をはじめキリスト教徒がたくさん住んでいる北部地域五の都市を占領した。これらは都市で暮らしているキリスト教徒にイスラムに改宗しなければ処刑すると脅かしている。実際に近隣都市モスルではキリスト教徒が斬首されているという報道が相次いでいる。）

（24）犯行声明（claim of responsibility）：『カトリック・ヘラルド』（二〇一〇年一一月五日発行）によると、地方テレビ局アル・バグダディヤに、ある男から電話があり、「イラクのイスラム国」の犯行であると伝えたということである。

（25）囚人釈放（release of prisoners）：彼女らは、イスラム教徒に誘拐され、イスラム教に無理矢理改宗させられ、イスラム教の男と結婚させられた女性たちである。その中のある人たちは、やっとのことで親戚のもとに帰ったが、ＩＳはそれを、彼女等が誘拐されたと主張している。

（26）西側の無関心（indifference of Western countries）：ロンドンのイラク・キリスト教徒たちが、二〇一〇年一一月一〇日に、イラクで迫害されているキリスト教徒の保護を求めて、抗議のデモを行い、英国政府に嘆願書を提出した。

（27）アブー・バクル・バグダーディー（Abu Bakr al-Baghdadi）：サマラの町に生まれ、イブラヒム・アワド・イブラヒム・サミライ（Ibrahim Awad Ibrahim al-Badri al-Samirai）と呼ばれていた。彼はスンニ派の戦闘員のグループを結成し、二〇〇四年のファルージャ（Falloja）蜂起に参加した。二〇〇四年にアメリカによってボカ収容所（Camp Boca）に数カ月拘留されたが、その後、低レベルの犯罪者ということで釈放された。今では、国連安保理事会で世界的テロリストに認定されている。彼は殺害されたともリビアに行ったとも噂されている。

（28）協力者（collaborators）：これには、ほかのイスラム教過激派グループが含まれている。たとえば、アル＝カーイダ（al-Qaeda＝基地の意）、サラフィ主義者（Sarafi jihadist）、アル・ナクシバンディー教団（al-Naqshbandi）、旧バアス党員（ex-Bathists）、モースルの地方過激派イスラム教徒などである。

（29）カリフ域：イスラム帝国（英語：caliphate）は、イスラム教の教えに従って生まれたイスラム共同体（ウンマ）の主流派政権が形成した帝国のこと。

（30）メジナ憲章（文書）：イスラムの預言者ムハンマドがメッカからメジナに移住（ヒジュラ）した際、教団の構成員と結んだ盟約のこと。原名はただ「文書」kitāb とあるだけで，「メジナ憲章」は現代の学者の用語。

（31）犯罪（crimes）：イスラム教大学の教授は、モースルのキリスト教徒が追放されたことに反対の声を上げたため、処刑された。多くのモースルのイスラム教徒住民は、ＩＳの思想を受け入れることを拒み、家から逃げ、キリスト教徒と同様、所有物没収の罰を受けた。

(32) ムアズ・カサースベ（Moas Yousef al-Kasasbeh）：ヨルダン人パイロット。（［訳者――ウィキペディアより］ヨルダン空軍中尉・操縦士。過激派組織ＩＳＩＬへの空襲にＦ - 16戦闘機で参加、二〇一四年一二月二四日ラッカで墜落し、人質あるいは捕虜となった。……二〇一五年一月二四日、ＩＳＩＬは、日本人人質の後藤健二を解放する条件として、二〇〇五年にアンマンで自爆テロ未遂を起こし死刑判決を受けて服役していたサジダ・リシャウィの釈放を要求した。一月二七日午後には、二四時間以内にリシャウィを解放しなければ、後藤とカサースベの二人を殺害すると予告。……カサースベは……最終的には鉄格子の中に入れられた上で火刑に処されるという残虐かつ一般的なイスラム教徒にとっては侮辱とも取れる処刑法を採られた。）

(33) ナサラ（Nasara）：キリスト教徒のこと。イエスの出身地ナザレに起源を持つ。

(34) ヤズィーディー教徒（Yazidi）：古代メソポタミアとゾロアスター教に起源を持つ宗教であって、それを信ずるクルド人である。長年の間に、キリスト教やイスラム教からの要素が加わっている。

(35) ニネベ平原（Nineveh Plain）：モースル行政区域の一部であり、ティグリス川の東にあり、キリスト教徒が多く住む村が多数存在している。

(36) 古い絆（Ancient ties）：ＩＳＩＳは、イラクの少数派を結びつけていた古くからの絆をバラバラにした『オブザーバー』紙（二〇一四年八月九日）。

(37) 三つの地方政府（three regional governments）：イラクは三つの地方地区に分けられた。南部が多数派で、人口の五五%を占めるシーア派。北部は人口の二一%を占めるクルド人。人口の一八・五%を占めるスンニ派のアラブ人は、国の西部の狭い場所に押し込まれている。

（38）イラクのキリスト教徒支援団体（Iraqi Christians in Need/ ICIN）：英国に在住のイラク人キリスト教徒によって創設され、英国に正式に登録された慈善団体〔訳者〕チャリティーは、法人のようなものであり、NPO団体、本書の著者のラッサム博士が理事をしている）である。その目的は、イラク人キリスト教徒の苦しみを和らげることで、特に、二〇〇三年以後、イラク国内に難民になっている人、また近隣諸国へ逃れた人たちの支援を行っている。

Correspondence to Terrorists

第三章　テロリストに対する取り組み

1　イラクのキリスト教指導者たちの取り組み

二〇〇三年のイラク侵攻後、特に二〇一四年のＩＳによるモースル占拠直後からの数年間、キリスト教共同体が味わったあらゆるテロ行為を、全教派のキリスト教指導者たちは、速やかに非難した。穏健派イスラム教の指導者も、同様に非難をした。カルディア教会ラファエル一世サコ総大司教(1)は、イラクのキリスト教徒の大部分を代表する人物であるが、「イラクのイスラム国」とシリア・スンニ派イスラム教徒を糾弾した。彼らがモースルの少数派の人たちに対して行った非道きわまりない扱い、また彼らが、少数派の人々に、先祖の土地であるモースルから立ち退くようにと迫ったことに対し非難の波を引き起こした。サコ総大司教はイラクの宗教指導者、政治指導者と会い、立ち退きを命じられたり迫害されたりしている人たちに、正義の対応を行うように要求した。

二〇一五年三月に、バグダードで、国会の宗教委員会によって計画された会議が開かれたが、その席で、サコ総大司教は、すべての宗教指導者たちが、平和共存主義とすべての市民の権利を擁護する説教をするべきであり、また学校のカリキュラムは、多元文化を育てるようなものにしなければならないことを求める要望書を提出した。二〇一四年七月には、自分と異なった宗教や宗派に属する市民に対して、暴力や憎しみをあおるような説教をする宗教家を告訴する法律を作るべきであると、イラク国会に進言した。また彼は世界の著名な人たちや、代表者と会い、イラクのキリスト教徒やほかの少数派の人たちの窮状を訴え、イラクの人々に降りかかった大惨事の原因となった問題を解決するために行動を起こしてほしいと訴えた。またサコ総大司教は、二〇一四年九月に、フランスのフランソワ・オランド（Francois Hollande）大統領がイラクを訪れた折に会見した。彼は、ヨルダン王アブドゥッラー二世ビン・フセイン（Abdullah II bin al-Husayn）、レバノンの首相、アメリカの外務副大臣（彼はバグダードを三度訪れている）、ほかの国々の外務大臣とも会っている。また、彼は、欧州連合（ＥＵ）で三度講演をし、国連で二回、ヨーロッパや中東で行われた数々の会合で講演を行った。

二〇一五年三月一〇日、彼は、この地方の紛争地域において、罪のない民間人が置かれている状況に、深い懸念を抱いていると表明した。

わが国の中央政府、また国際社会に対し、罪のない民間人を護り、彼らに宿、食品、薬品の面で、できるだけ早く、必要な援助をするように強く呼びかけます。また何千人といる大学やその他の学校の学生・生徒の面倒を見なければなりません。……これは、明確に人類の大惨事であり、黙していてはなりません。もしこれ以上この状態が長引けば、以後長い間、悲劇の影響を残すことになるでしょう。

サコ総大司教は、現在イラクに起こっていることは、米国政府に間接的な責任があると非難した。アメリカが、民主主義をもたらすと主張してイラクを占領してから、一〇年以上が経過した。しかし、現実には、反対のことが起こり、状況は悪化している。彼は、米国政府は民主主義を確実に守り、人々の福祉を保証するべきであると訴えた。彼はまた、イスラム諸国の支援がないことを批判し、イスラム教説教者は、無実の人たちを殺すことに対し、宗教的な法律を作るべきであると力説した。

シリア・カトリック教会のイグナチウス三世ユシフ・ユーナン総大司教は、ベイルートに在住していたが、戦争で引き裂かれたシリアの教会員や、クルディスタン、バグダード、キルクークで難民となっているキリスト教徒を訪問するために、シリアとイラクを巡回し、迫害や困難の中にあっても信仰を守り続けるように励ました。総大司教は、彼らの先祖であるキリスト教徒たちが、信仰のために命を捧げたことを思い起こさせ、最近列福[2]（beatification）が発表されたフラヴィアヌス・ミハイル・マルケ司教を思い起こすよう訴えた。この列福式は二〇一五年八月二九日、教皇フランシスコによって行われた。またユーナン総大司教は、イラクに行って、イラク大統領ファード・マアスームやほかの政府筋にも会見し、キリスト教徒に完全な市民権を与えるよう求めた。彼は救済の聖母大聖堂でミサを執行し、そこで起きた虐殺五周年の記念式典を行った。

シリア・カトリック教会の総大司教補佐のジョルジュ・カスムーサ司教は、二〇一四年九月の欧州議会において演説をした。彼は、イラクにおける教会員の悲惨な状態を提示し、モースルやニネベ平原の町や村を解放し、家から追い出された人たちの所有物を保証するために国際社会が努力し、イラクを援助してほしいと訴えた。彼はまた、ISと戦う最善の方法は、財政的に、また軍事的にISを支援している国々に圧力をかけ、それを止めさせることであると強調した。また、たとえ家を追われた人たちが家に帰ることができたとしても、安全を確保するために国連軍の保護が必要であると訴えた。最後に、彼はイスラムの過激思想の根を絶つことが重要であることを強調した。

ジュネーブにある国連のバチカン代表であるモンシニョール・シルヴァノ・トマシの招待を受けて、カルディア教会のラファエル一世サコ総大司教は、シリア・カトリック教会イグナチウス三世ユシフ・ユーナン総大司教とシリア正教会のイグナチウス・エフレム二世総主教とともに、二〇一四年九月一六日に「中東のキリスト教徒、市民権、人権、未来」と題された国連の会議に出席した。彼らは、国際的指導者、アラブ政府指導者のみならず、アラブ・イスラム教宗教当局に、ＩＳが少数派宗教徒を虐殺していることを告発してほしいと強調し、陳情した。サコ総大司教は次のように述べている。

現在、一二万人のイラク・キリスト教徒が家を追い出されており、生きるための食料品や宿泊施設を緊急に必要としています。国際社会が彼らの土地を解放する行動を起こすことが必要です。また、国連支配による保護地区を設ける必要があります。

ユーナン総大司教は、国際社会がもっと強い関心を示すことが重要だと呼びかけた。

ＩＳがカラコシのシリア・カトリック教会の町を占拠したことによって、何万という人たちが家から逃げ出しました。国際社会からの援助は、資金的な面で助けになるばかりでなく、彼らが孤立した存在ではなく、国際社会から忘れられていないということの証拠ともなるのです。

シリア正教会のイグナチウス・エフレム二世総主教は、こう述べている。

国連は、反セム主義(3)に対する非難には、迅速に対応しました。キリスト教が迫害されても同じようにしてほしいのです。われわれは、純粋に人道的な援助が必要なのです。時間があまりありません。人々はどんどん国を出ていってしまいます。

二〇一五年に開かれた別の国連会議で、カルディア教会総大司教はこう述べている。

過激派イスラム教徒は、非イスラム教徒と住むことを拒否しています。彼らは非イスラム教徒を迫害し、また家から追放しています。キリスト教の歴史の痕跡を、根こそぎ消し去ろうとしているのです。彼らは、権力を独占し、施設を使えないようにし、自由を制限しています。そのため、われわれは、今や文化的、思想的危機に直面しているのです。

アルビールのカルディア教会のバシャル・ワルダ大司教は、二〇一五年二月、イングランド教会からの招きで英国を訪れ、イラクのキリスト教徒の窮状を教会総会で講演し、次のように述べている。

イラクのキリスト教は、長い歴史の中で、最悪で最も厳しい段階を通っています。何世紀にもわたって、われわれは、多くの困難と迫害を経験し、捧げられた殉教者の列は長蛇に及びます。この数十年、三度にわたって、信仰者は追放され、外国に移住しました。その度に、キリスト教徒は抑圧され、キリスト教の歴史と文化は一掃されそうになりましたが、その都度、歴史や文化は、消えることなく残されてきたのです。二〇〇三年の前政権が交代した余波として、退去命令だけでなく、周到に計画されたもの、また場当たりのものも含め、キリスト教徒の大量虐殺は、弱ることなく続いています。その頂点にあるのが、二〇一〇年のバグダードの救済の聖母大聖堂における大虐殺です。礼拝者は血も涙もないような暴徒に冷酷に殺害されました。最後は二〇一四年のテロと追放です。われわれは、第一次世界大戦以後、イラク史上、最悪の大量虐殺を経験したのです。

兄弟姉妹のみなさん、この一年間で、一二万五〇〇〇人にのぼるキリスト教徒が、ただ、キリスト教徒のままでいたい、ＩＳが押しつける条件に反対したというだけの理由で、自分の村を出ることを余儀なくされたのです。多くの人たちは、すべてのものを置いたまま、無一物で、自分のカルバリ（十字架）への長い道のりをトボトボと歩いたのです。……多くの家族は、祖国に自信を失ってしまいました。……彼らは祖国から捨てられたと感じています。多くの人たちは、見ず知らずの場所に移住することを選びました。……われわれの友人や家族は、もう一度移住して、今度こそ、最終的に、北アメリカ、ヨーロッパ、オーストラリアに行く機会を待ちながら、何カ月も、何年も、トルコ、レバノン、ヨルダンで待ち続けているのです。……この危機には緊急の解決が必要です。私たちのキリスト教共同体が耐えている迫害は、二重の苦痛であり、厳しいものです。カルディア教会もわれわれの兄弟教会も欠乏に喘ぎ、生気にあふれた教会生活が目の前で崩れ落ちていく様子を怯えながら見ています。……これをお伝えし、助けをお願いします（懇願すると言っても、強すぎる言葉ではないと思っています）。私たちがしなくてはならない仕事は困難を極めます。わたしたちは、教会から、EUから、国連から、あらゆる国家からの助けを必要としています。キリスト教の中核となる人たちが、イラクに留まり、再び栄える機会を与えてくださるよう、今行動を起こしていただきたいのです。

また、ワルダ大司教は、アルトン卿の招きで、英国上院議会でも、証言をした。ISを征服するために、軍事介入が切迫した問題であると語り、ウェストミンスター大聖堂では、イラク人の窮状を一般大衆に紹介した。その後、外務・連邦局大臣のアネリー男爵夫人に会い、英国政府（Her Majesty's Government）が、イラクのために安全を確保してほしいとの嘆願書を手渡した。

ワルダ大司教は、二〇一五年一〇月二二日、ブリュッセルを訪問したとき、EUに繰り返し要求し、委員会に同様の嘆願書を手渡し、EUの代表者、またIS対抗のため連携している各国の外務大臣にも話をしている。彼は、「家を追い出されたイラク人は、希望を失ってしまっており、もはや国に留まることを強制できません。われわれは、彼らを最後まで支援し続けますが、彼らが祖国に残っても良いと思えるような雰囲気を作るためには、国際社会の助けが必要です」と述べている。

東方教会の指導者たちは、国際社会に向けて、訴えることはしていない。それは、マル・ディンハ四世総主教がモースル占領の際、病気になり、二〇一五年三月二六日に亡くなったからである。しかし、政治指導者たちが、イラクのキリスト教徒やその他の少数派の窮状を、国内に、また国際社会に訴える役割を担った。二〇一五年九月一八日、新しくマル・ギワルギス三世スレワ総主教が選出された。彼の就任演説で、彼はアッシリア東方教会の総主教座を[4]、イラクのアルビールに移すと表明した。この表明によって、われわれの教会がイラクにおいて深いルーツを持っていることを強調するためである。そして、教会員たちに、権利のために祖国で戦うよう奨励した。テロについては、ニネベ平原とシンジャールの町を奪回するために努力するだけでなく、テロを打ち破るためには、その原因を理解する必要があると訴えた。彼は、一九九四年、メソポタミアのキリスト教の特殊性を強調し、異なった教派の間で、一致して団結する必要があり、教会間の対話が重要であり、教皇ヨハネ・パウロ二世と総主教マル・ディンハの間でキリスト論の宣言をすることが重要であることを伝えた。

2　中東の教会の取り組み

中東の教会は、二〇〇三年の米軍侵攻以来、イラクのキリスト教徒の悲惨な状況、さらにそれに続くキリスト教徒迫害を注意深く見ていた。

二〇〇九年二月一九日、マロン派総大司教ナスラッラ・ペトルス・スフェイル枢機卿の後援とノーターデイム大学の協力のもとに、重要な会議が開かれた。それは、「イラクにおけるキリスト教徒の存在——上昇か消滅か」という題で行われた[5]。この会議には、キリスト教側、イスラム教側双方から、総大司教、司教、シークが出席し、さらに多くの宗教と無関係の文化、教育、軍事、外交、政治関係者が集まった。また、地方放送局やアラブばかりでなく、外国のメディア・チャンネル、ラジオ放送局の人たちもその場に集まった。この会議では、多くの鍵になる有名人が集まったのが特徴で、それぞれイラクのキリスト教徒が直面している差し迫った問題について、断固とした見解を述べた。会議は、勧告文を付して終了した。この勧告文は、レバノンの東方教会だけにではなく、イラク政府当局、アラブ連盟、イスラム諸国の指導者、レバノン政府当局、国際社会、国連にも宛てられたものである。

多くのイラクのキリスト教徒が祖国を去るきっかけとなった救済の聖母大聖堂襲撃事件の一年後、二〇一一年一一月一四日から一七日にかけて、レバノンで第二〇回カトリック総大司教会議が開かれた。宗教指導者全員が、キリスト教徒は、先祖たちの聖地であるこのイラクの地にしっかり根を下ろし、一般信徒には、社会の節度を心得た度を超えない範囲で、積極的に対話と平和の文化にかかわるよう勧めた。また中東にキリスト者がいなくなるということは、現実に起こりうることで、深刻な問題であると彼らは言った。このことに関して、キリスト教徒全員はもちろん、イスラム教徒の中でも、懸念を表明した人たちがいる。

モースルがＩＳに占拠された後、カトリックと正教会の総大司教・総主教の代表団が、二〇一四年八月、アルビールを訪れた。追い出された人たちとその指導者たちに支援と連帯を見せるためであった。代表団は、マロン派のベシャラ・ライ総大司教、メルカイト＝ギリシア・カトリック教会のグレゴリウス三世ラハム総大司教、シリア・カトリック教会のイグナチウス三世ユシフ・ユーナン総大司教、シリア正教会のイグナチウス・エフレム二世総主教であった。彼らは、いくつかの収容所を訪れ、家を追われた人たちと共に、アルビールの三つの教会で祈りを共にした。難民の数の多さにショックを受けた彼らは、難民たちが狭い場所に押し詰められていることにも衝撃を受けた。また人々が、彼らのまわりに押し寄せ、十字架に接吻をし、（困難の中でもキリスト教徒として歩むことを選んだ）自分たちを祝福してほしいと求めてくる人々の信仰に励ましを受けた。どの総大司教・総主教も、感情を抑えることができず涙を流した。代表団は、記者会見で、「キリスト教徒が、家に残る権利」を守らなければならないと訴えた。正教会イグナチウス・エフレム二世総主教は次のように述べた。

われわれは、今日、目の当たりにしている悲劇に我慢がなりません。国連・潘基文（パン・ギムン）事務総長に、ぜひこの地を訪問し、追放されたイラク人が、このような生活を続けていて良いものなのかどうか判断してほしいのです。

二〇一四年九月一二日、中東のそれぞれの教派を代表する五人の総大司教・総主教がホワイトハウスを訪れ、オバマ大統領、国家安全保障問題担当大統領補佐官スーザン・ライスと、キリスト教徒の置かれている状況について話し合った。この使節団の中には、上記の四人の総大司教・総主教に加えアルメニア正教会ベドロス・アラム・ケシシアン総主教がいた。彼らには三人の司教・主教が同行した。コプト教会タワドロス総主教の代理アンゲロス主教、カルディア総大司教代理イブラヒム・イブラヒム司教、それにシリア正教会の「ニューヨークおよびアメリカの」大主教である。彼らは、異口同音に謁見を許していただいたことに感謝し、彼らの共同体を護るために即刻行動を起こしてほしいと申し出た。

二〇一五年一〇月一九日、ラファエル一世サコ総大司教とグレゴリウス三世ラハム総大司教、イグナチウス三世ユシフ・ユーナン総大司教がイタリア議会の特別セッションに出席し、イスラム過激主義に対処するにはどうしたら良いのかとか、イスラム教国が、政教分離の行われる非宗教国家を作るためにはどのようにしたら良いのかを参加者に尋ねた。

3　バチカンの取り組み

最近は、どの教皇も中東のキリスト教徒の将来について深い関心を示してきた。教皇パウロ六世は、一九六四年、聖地を巡礼者として訪れた。途中、ヨルダンを通過していったが、ヨルダンではフセイン国王と面会した。国王は、彼を歓迎し、ゲッセマネの園のオリーブの木で作った額を贈った。コンスタンティノープルのアテナゴラス総主教にも会い、教会一致（エキュメニズム）[6]の道を開いた。教皇は、キリスト教は、東方教会と西方教会という二つの肺で息をしていると確信していると述べた。

教皇ヨハネ・パウロ二世と教皇ベネディクト十六世も、それぞれ二〇〇〇年と二〇〇九年、巡礼者として、ヨルダン経由で聖地を訪れた。二人とも、聖地からキリスト教徒の数が減っていることに懸念を示した。訪問の後、教皇ベネディクト十六世は、中東全体からキリスト教徒が減少していることを目の当たりにし、シノド（教会会議）を開く決意をした。それは二〇一〇年一〇月一〇日から二四日まで、ローマで開催された。シノドの参加者は、紛争、テロ、占領、国外追放によって引き裂かれた、中東の悲惨な状況を調査した。彼らは、国際社会、国連に対して、これらの地域で紛争が解決するように、そしてパレスティナ人、イスラエル人、イラク人、そのほかの中東全体の人たちに平和と繁栄が確保できるようにと訴えた。

教皇フランシスコは、キリスト教徒が、イラクとシリアから大量出国をしている様を見て、彼らの深刻な状況に深い懸念を示し、この深刻な状況に対し、何かをしたいという願いを表明した。ＩＳによる残虐行為の後、社会の重要な役割を担い、平和の建設と、和解と発展のために重要な役割を果たしたキリスト教徒がいなくなる中東など考えられないと述べた。彼は、二〇一四年八月一三日、イラクの家を追われたキリスト教徒のもとに、フェルナンド・フィロニ枢機卿を、個人使節として派遣した。フィロニ枢機卿は、「諸国民福音宣教常任委員会聖省長官（Prefect of the Congregation for the Evangelisation of Peoples）であり、二〇〇一年から二〇〇六年まで、イラクとヨルダンのローマ教皇大使（Apostolic Nuncio）であった。フィロニは、フランシスコ教皇が、自分に与えられた使命は、政治的ではなく、人道的使命であるとし、また教皇がイラクに自分を個人使節として派遣する決心をされたのは、もし可能であれば、教皇ご自身が行きたいと思っておられたからであると伝えた。彼は、その地域のキリスト教指導者と声を合わせて、Ｉ

Sに支配されている土地を解放し、家を追われている人たちに、国際的な援助を求めるために、国際社会に対して陳情した。イラクのファード・マアスーム大統領に会い、フランシスコ教皇の親書を手渡した。大統領は、それに答えると返答したと、バチカン放送は伝えた。フィロニ枢機卿は、イラク北部の家を追われたキリスト教徒、ヤズィーディー教徒とも会い、フランシスコ教皇が慈善のため、自分の資金から出費した金一封を、キリスト教徒、ヤズィーディー教徒に渡した。

教皇フランシスコは、二〇一四年一〇月のはじめ、ローマで、中東のキリスト教徒迫害について話し合い、どのような援助ができるかを議論するための三日間のサミットを開いた。サミットには、七人の教皇大使（シリア大使、ヨルダン・イラク大使、イラン大使、レバノン大使、トルコ大使、エジプト大使、イスラエル・パレスティナ大使）とバチカン国務大臣、ニューヨーク国連大使、ジュネーブ国連大使、難民関係職員、慈善団体代表、東方諸教会の代表が招かれ出席した。

このサミットでは、次のような声明が出された。「問題解決には、過激思想の根となる原因を突き止め、徹底的に対処する必要がある。しかし、もし平和裡の解決が失敗した場合には、必要ならば、不正な攻撃集団を止めさせるためには軍事力を使うことも止むを得ない」とした。これは、正義の戦いを認める教会の教えから導き出したものである（［訳者］教会の教えに反しないということ）。サミットの出席者たちは、国連、政府、国際人道主義団体に対し、彼らには、国際法で定められている条件の下で、攻撃集団が無害の状態になるまで追い込み、平和と安全を保証する義務があることを思い起こさせた。会議の終わりに出された声明は次のようになっている。

人々の大量虐殺を前にして、国際社会は黙っていることはできないし、消極的なままでいてはならない。ＩＳを含む中東の過激派組織は、制裁、対話、必要ならば軍事力を用いて、止めさせなければならない。また国際法の要件を満たすものでなければならない。

二〇一五年七月に、教皇フランシスコがボリビアを訪問した際、世界の指導者たちに向かって、中東で起きている、いわゆる「キリスト教徒大量虐殺」は、すぐにでも止めさせなければならないと訴えた。またこのような大量虐殺は、第三次世界大戦の「一かけら」であると述べた。
二〇一六年二月一二日、メキシコを訪問する途中、教皇はキューバで、「モスクワと全ロシア」の総主教であるキリル総主教と会見した。一〇〇〇年の間、仲違いしていた彼らが会うことになった要因の一つは、世界の各地で起きているキリスト教徒迫害に対し危惧を感じているからである。中東に関して、彼らは次のように述べている。

シリア、イラク、また他の中東諸国の状況に心が痛みます。またわれわれの信仰が最初に広められ、使徒時代からずっと他の宗教共同体とともに過ごしてきた土地から，キリスト教徒が大量出国していることを忘れるなと呼びかけなければならないのは残念なことです。

二〇一五年五月に、東方諸教会常任委員会聖省長レオナルド・サンドリ枢機卿がイラクを訪問し、フランシスコ教皇の挨拶を伝え、教皇が、教会役員や家を失い困難な状況に置かれている人たちのことで心を痛めておられると伝えた。彼はまずバグダードに行き、ハイダル・アバーディ首相とファード・マアスーム大統領に面会した。大統領は、枢機卿に、キリスト教徒のいないイラクは、もはやイラクではないと言った。枢機卿は、次にクルディスタンに行き、アルビールとドホークの亡命者に会い、イグナチウス三世ユシフ・ユーナン総大司教とともにアルビールにあるシリア・カトリック教会の外で、ミサを行った。説教の中で、彼は次のように語った。

このような暴力と侵略の前に、私たちは言葉もありません。さらに驚くべきは、二十世紀を揺さぶり、無知で破壊的な行為を今なお続け、罪もない人々の血を流すという悲劇から、人類は、何も学んでいないことです。みなさんの牧師・司祭、教皇、さらに公同教会は、二〇〇〇年の間、キリスト教徒の土地であった場所から大勢の人たちが出国していることを恐れています。

二〇一五年六月二三日、ミラノのアンジェロ・スコラ枢機卿は、フランシスコ教皇の代理として、マロン派のベチャラ・ライ総大司教とアルビールを訪れ、家を追われたキリスト教徒、またその指導者たちに会った。枢機卿たちは、当座しのぎの宿泊所に泊まっている家族を訪問し、移動医療クリニックを見て回った。また追放された修道女、司祭、神学生たちが、根こそぎにされた共同体のために奉仕している様子を見た。ベイルートを出て、アルビールに向かう前、スコラ枢機卿は、「レバノンの声放送」で訴えた。「われわれがアルビールを訪れたことで、イラクのキリスト教徒と連帯しているというメッセージを伝えることができた」。また、アルビールでは、現在起きている状況について、透明で偽りのない、客観的な真実を伝えることの重要性を彼は強調した。

4　西側教会の取り組み

(1) イングランド教会の反応

ヨーロッパ主教のジェフリー・ロウウェル主教とロンドンのノッティングヒルにあるセント・ジョン教会（イングランド教会）のウィリアム・テイラー牧師が、カンタベリー大主教ジャスティン・ウェルビー（Justin Welby）の要請で、アルビールを訪問した。この訪問は、住むところのなくなったイラクのキリスト教徒の状況を調査するためと、イングランド教会が、イラクのキリスト教徒に降りかかった悲劇に連帯を示すためのものであった。彼らは、あちこちの難民キャンプを回って、家を失った人々やそれぞれのセンターの責任者と会い、さまざまな教会の指導者たちが努力し、教会間での協力があることを知り、大変感動した。テイラー牧師はこう書いている。

教会各教派が、世界中ほかではどこでも見られないほど協力し合って働いている様子に、私は強い印象を受けました。このことに励まされ、力を与えられました。教会同士がNGOやその他の支援団体と手を取り合って働いており、それが非常に効果的であり、よく組織されていました。ほかの施設の現場で何が起こっているかを正確に把握していました。家を失って、収容施設に住んでいる人たちも、受け身の犠牲者ではなく、秩序を保ち、よく管理された組織を作り上げ、救援活動に自らも加わっています。その意味では、彼らは活力を与えられた人たちであって、自分たちの今の環境を「犠牲者」としては見ていません。……暴力とトラウマを経験してきた人たちで、物質的にはすべてを失ったものの、霊的に、また存在的には、きらきら輝いている人たちであります。

二人は帰ると、経験したことをカンタベリー大主教に報告した。大主教は、お返しに、バシャル・ワルダ大司教を招き、二〇一五年二月、イングランド教会の総会で講演するように依頼した。二〇一五年五月、イングランド教会の別の代表団が、イラク北部の難民を訪問した。それは、マイケル・ナジル・アリ主教、ジョナサン・グドール主教、英国コプト正教会のアンバ・アンゲリオス主教であった。代表団は、次のように報告した。家を追い出されて、狭苦しい状態で生活している人たちから聞く話は、とんでもなく恐ろしいものであったが、人々の全体的士気は驚くほど高い。彼らは、誇らし気に、自分たちに残されたのは信仰だけであり、なぜ悪が存在するかではなく、自分たちが悪から救われたことが重要であると告げた。

(2) イングランドとウェールズのカトリック教会の反応

ウェストミンスターのヴィンセント・ニコルス枢機卿は、ニコラス・ハドソン司教と二〇一五年四月に二日間アルビールを訪問し、難民たちに会った。難民たちは自分たちが家に帰れるように、西側政府に仲介を求めた。聖ヨセフ大聖堂で、バシャル・ワルダ司教がミサを執り行い、ニコルス枢機卿が短い説教を行った。その中で、人々に「このような困難な状況の中にある、みなさんがたのがんばりと忍耐のために祈っています。また、みなさんが故郷の家に帰ることができるよう、もっとしなければならないことがあります」と伝えた。

ニコルス枢機卿は、カルディア教会が、ISによって家を追い出された人たちを、歓迎するという素晴らしい効果的な働きをしてくれたことに感謝し、次のように述べている。

そこに長くいればいるほど、バシャル大司教とその教区の人たちが示されたリーダーシップには、ますます感動します。またこのような危機に対する応答が、教会主導であったことにも感動します。この危機を大惨事にさせなかったのは、実に大司教のリーダーシップによるものです。また、教区が惜しみなく、できる限りの財政的な援助を広げ、それらの人たちを収容できるようにされたことも素晴らしいことで、強い印象を受けました。

帰国後、人々が絶望的な試練に遭っていることについては、次のように語っている。

この状況に対し、われわれが応答として何をしたら良いのか人々に尋ねたとき、われわれに二つのことが求められていることが明らかになりました。それは物的援助と祈りです。結局、彼らは単なる普通の難民ではなく、われわれの身内であり、われわれがいなければ、生き延びることができない人たちです。残念ながら、彼らが自宅に帰るのを保証するためには、軍事力が必要なのです。

イングランド・ウェールズカトリック司教協議会の国際部門の議長をしているクリフトンのデクラン・ラング司教は次のように述べている。

モースルのキリスト教徒に、改宗を迫り、宗教税を取り立て、町を立ち退くように迫るISの最後通達を、最も強い口調で非難します。イラク国民をこのように脅すことは、神に対する罪です。また生命に対する侵害です。キリスト教徒は、イラクに二〇〇〇年近く住み続け、信仰の表明をしています。モースルの聖なる場所を冒瀆し、この古都の文化と宗教風景を組織的に変える試みは、人類に対する犯罪であります。

5　その他の宗教指導者と共同体の取り組み

さまざまな国の司教や代表団がイラク北部の難民たちを訪れた。その中には、次の人物がある。フランスからは、リヨン大司教マリ・バルバラン枢機卿、イタリアからは、ミラノ大司教アンジェラ・スコラ枢機卿、オーストリアからは、ウィーン大司教クリストフ・シェーンボルン枢機卿、ニューヨークからは、大司教ティモシー・ドラン枢機卿が挙げられる。そのほかにも、イタリアのカトリック司教協議会の代表団があり、ドイツ、アメリカ、オーストラリア、ベルギーからの代表者も訪れている。

ドミニコ会の長ブルノ・カドール神父は、イラクに対して緊急の行動を起こすべきであると訴え、二〇一四年八月の早い時期から国連の加盟国に呼びかけた。

現在イラクで起きていることに心を動かされない人はいません。そこで起こっていることは、防御の術を持たない少数派の人たちが連帯を呼びかける叫びであり、人としての尊厳を踏みにじる人権侵害を止めさせるために、一致団結して対応してほしいという叫びでありま す。これは国際人道法（International Humanitarian Law）に違反する行為であり、人類に対する反逆罪であります。

6　離散した人たちの取り組み

こういった非道の行為に対する非難と、それに対して行動を起こすようにという呼びかけは、世界中の人たちから出されており、今までに見られないほどのものである。西側のほとんどの国で、イラクとシリアで、キリスト教徒とヤズィーディー教徒が迫害され、大量の強制移住が行われていることに対して、デモが発生している。ロンドンでは、二〇一四年七月二六日、日曜日に、迫害されているイラクのキリスト教徒との連帯を訴えてデモを行った。人々はアラビア語のNの模様を書いたシャツを着て、「イラクのキリスト教徒を助けろ」「イラクのキリスト教徒迫害を止めろ」とシュプレヒコールを叫んだ。デモ隊は、ダウニング街（［訳者］首相官邸）で公開質問状を渡し、イラクのキリスト教徒の保護政策を執るよう、英国政府に呼びかけた。デモは、ロンドンにあるイラク人教会によって組織されたものであり、ISによってモースルからキリスト教徒が無理矢理追い出されていることを知ってもらうためのデモであった。多くのイスラム教徒やイギリス人、慈善団体の代表者、特に「苦境にある教会支援（Aid to the Church in Need）」が参加した。この団体のディレクターは、ネビル・カーク・スミスであり、イラクで過激派が生まれる地盤を作ったのは、イギリス政府であるとして、政府を批判した。ＩＳは、一六〇〇年間住み続けたモースルから、キリスト教徒の最後の一人まで追い出そうとしている。彼は「英国が、中東の暴動に対して行った対応は、『没になってしまった』」と言った。そして、その地域に「調停の中核」を作る手助けをするよう呼びかけた。さらに、彼は、行動を起こさなければ、「遠からず、イラクのキリスト教徒が経験しているのと同じような攻撃を受けることになろう」と警告した。

アメリカでは、米国アッシリア同盟とその提携機関と欧州アッシリア連合が、国会、また国務省、保安機関の役人と会見し、イラクのキリスト教徒を守り、ニネベ平原を解放するよう呼びかけてきた。

7　チャールズ皇太子の取り組み

チャールズ皇太子は、中東のキリスト教社会が直面している苦難に関心を寄せ、二〇一三年と二〇一四年の待降節（訳者：Advent＝クリスマス前の四週間）にロンドンにあるさまざまな教派の教会を訪問された。二〇一五年には、ウェストミンスター大司教ヴィンセント・ニコルス枢機卿の家で、中東のあらゆる教会の代表者と彼らの福祉に関係する諸団体の人たちに会われた。

異なったグループの人たちと長時間話をし、中東で起きていることに心を痛めていることを表明された。文字通り中東で生まれたキリスト教がイスラム過激派の戦闘員の標的として故意に襲われ、その結果、祖国のキリスト教徒が激減していることに悲しんでいるとも言われた。二〇一四年カルディア教会を訪問されたとき、信仰のゆえに迫害された家族に会われ、会衆に次のようなスピーチをされた。

この教会に来る前に、教会員の方々から耐えられないような苦しみのお話をお聞きした後では、みなさん全員が経験された、言葉に表せないような苦悩について、私が何かをお話しするにはとても相応しくないと感じています。……みなさんがいつか、みなさんの生活と信仰を育ててくれた祖国に帰ることができるように、みなさんと祈りを共にしたいと思います。……しかし、この恐ろしい時代、現在自分の兄弟や姉妹が苦しみに遭っている方々、自分の家族が、聖書の時代からずっと聖書の国に住んでこられた方々に対し、心からこのことだけお伝えしたいと思います。みなさんの驚くほどの勇気、信仰、忍耐のゆえに、心から神さまに感謝しています。

チャールズ皇太子は、この二〇年間、アブラハムを出発とする三つの宗教〔［訳者］ユダヤ教、キリスト教、イスラム教）の結びつきを強調しつつ、その橋渡しをしようと努力してきている。彼は、二〇一三年一二月一七日、有名なイスラム教学者で、世界中の宗教間対話に深くかかわっているガジ・ビン・ムハンマド公を、クラレンス・ハウスで開かれた東方諸教会の代表たちの会合へ招いた。ガジ公は、ヨルダンのアブドラ二世国王の特別な要請で国王代理として、また王の宗教・文化関係の最高顧問として、この会に出席した。二人とも、対話と和解のために努力することを確認した。

8　学界の取り組み

ヨーロッパと北アメリカのいくつかの教育機関がイラクと中東のキリスト教遺産と現在のイラクのキリスト教徒の苦境に焦点を合わせて会合を開いた。

ロンドン大学では、二〇〇九年にアンソニー・オマホニーによって、ヘイスロップ・カレッジ（Heythrop College）に「東方キリスト教センター（Centre of Eastern Christianity）」が設立された。彼は東方教会の重要性とイラクや中東のキリスト教徒の窮状をテーマにしたセミナーや研究会を開いた。二〇一五年二月には、同センターは、ロンドンのノーターデイム（ノートルダム）大学において、タントゥール英国トラスト(7)（British Trust for Tantur）と共同で「中東のキリスト教、現在の挑戦と将来の可能性」と題した会議を開いた。アレッポのカルディア教会のアントワヌ・オード司教が、招待され、中東の現状に関して多くの課題が議論された。

アジア・アフリカ研究所（School of Oriental and African Studies/ SOAS）では、二〇〇四年、「イラクのキリスト教セミナー」が、エリカ・C・D・ハンター博士によって始められた。イギリスの一般の人たちに、イラクのキリスト教の豊かな遺産を知ってもらい、現在起きていることに対する懸念と挑戦に焦点を当て、関心を持ってもらうためである。二〇一三年までの一〇年間、毎年開かれたこのセミナー・シリーズで、イラクのキリスト教徒の現状の報告のほかに、修道院制度、宣教活動、イスラム教との出会い、シリア語聖書、キリスト教教育、典礼伝統、殉教伝、神秘主義の伝統など、さまざまな話題が話し合われた。

ウィーンでは、第二バチカン公会議の後、ケーニヒ枢機卿によって「プロ・オリエンテ（Pro Oriente）」と呼ばれる組織が設立された。その目的は、東方教会を強化し、さまざまな異なった教派とローマ・カトリック教会との関係の理解を促進することである。

二〇一五年一二月一〇日から一二日にかけて、「カエサルの剣のもとで」という名の会議がローマで開かれ、イラクとシリアにおけるキリスト教徒迫害について話し合われた。この会を組織したのは、アメリカのジョージタウン大学とノーターデイム大学（インディアナ州）が、サンテディジオ（Sant'Egidio）とコロンバスの騎士たち（Knights of Columbus）との協力を得て開かれたものである。この会議には、宗教指導者だけでなく政治家や学者も参加した。キリスト教共同体を代表して出席したのは、カルディア教会のルイス・サコ総大司教、シリア・カトリック教会のイグナチウス三世ユシフ・ユーナン総大司教と人権活動家パスカル・ワルダ氏[8]であった。総大司教（patriarch）は二人とも、イラクとシリアのキリスト教徒の絶望的な状況と、ISが中東のみならず世界全体に持ちかけている脅威について語った。ユーナン総大司教は、会議のタイトルのせいで、まともな質問ができにくくなってしまっていると述べた。

本当のことを言うと、私は、「イスラム教は宗教か政治イデオロギーか」というタイトルの方が良かったと思っています。

彼は、また次のような問いかけをした。「いわゆる『政治的正当性（ポリティカル・コレクトネス）』とか『マンモンの世界に迎合する』というのを避けて、『ヴェリタス・イン・カリターテ（愛による真実）』に努めなければならないということに、ようやく納得させられることになったのだろうか。また西側諸国に対しては、自分たちがシリアで支援している〈ムスリム同胞団〉の行動指針を本当に知らないのか、と問いつめた。ムスリム同胞団は、一九三〇年に創設され、次のモットーを持っている」。

アッラーは我らの目標。預言者（ムハンマド）は我らの指導者。クルアーンは我らの法律。ジハードは我らの道。アッラーの道で死ぬのは、我らの最高の希望。アッラー・アクバル（アッラーは偉大なり）。

二〇一六年二月二四日から二六日に、ローマでもう一つの会議が開かれた。それは中東のキリスト教徒の状況を話し合うもので、「国際社会と地域変貌――変容する中東のキリスト教徒とキリスト教会と宗教」というタイトルで行われた。この会議はブンデスヴェール・ミュンヘン大学の主催で、ドイツ司教協議会・国際事情調査グループを代表して行われたものである。

9　国際人道主義団体の取り組み

聖座の管轄下にある数多くの慈善団体から、中東向けの人道的、経済的支援が来ている。それらはまとめて「東方教会支援団体連合(9)（Riunion Opere Aiuto Chiese Orientale/ ROACO）」と呼ばれている。またさまざまな国際慈善団体、小規模な団体、裕福な地方の個人、ディアスポラの教会からの献金があり、中には、個人的に直接司教にお金を送ってくる人たちもあり、難民となっている人たちの友人や親戚からも支援が来ている。支援金はアルビール、ドホーク、ザーホー、バグダードなどのさまざまな教会に送られている。

私は、二〇一六年四月、アルビールを訪れ、宗教指導者やあちこちの難民キャンプの人たちと会う機会があった。アルビールのバシャル・ワルダ大司教は、自分の司教区のさまざまな人道団体から、二〇一四年八月から二〇一六年四月までに受け取った総額は一九七六万一九四八・五七ドルにのぼると報告した。「苦境にある教会支援（Aid to the Church in Need）」がリストの中で最高額の九四七万六八六二・五七ドルを、続いて、イタリア司教協議会が一七〇万七三八九ドル、コランバスの騎士が一〇一万五四一二・〇〇ドル、カリタス・イタリアが、一一六万一五四六・一〇ドル、アメリカの聖トマス・カルディア・カトリック教会からは、一三七万八九一二・一一ドルを受け取っていると報告した。そのほかに次の団体がある。アーヘン・ミッション、ロッテンブルク・シュツットガルト教区、カトリック近東福祉協会聖庁ミッション[10]、教皇外国宣教学院、アッシジ聖修道女院院長、加えて、ミセレオール[11]、マルタ・ヒルフスディーンスト E.V.、ビストゥムのためのカリタス・フェルバンド、アメリカ聖ピーター・カルディア教会、ウーヴル・ドリアン、オーストラリア司教協議会、フォンダシオン・ラウール・フォレローが挙げられた。

私があちこちのセンターを訪れると、診療所、学校、運動場、ストレスを扱うセンター、ワークショップ、その他の施設にも、プレートがついているのに気づく。プレートには、その場所のために援助を与えた特定の団体の名前が書かれている。次のようなものがある。イエズス会難民サービス、カトリック近東福祉協会、ミセレオール、サマリタン国際財源、ワールド・ヴィジョン、エイヴィス、イタリア・サンゲ・ボランティア協会、ソルト基金、デトロイト・カルディア教区、ティア基金、コランバスの騎士、ウーヴル・ドリアン、東方キリスト教徒、オーストラリアの若者からイラクの若者へ、キエサ・カットリカ・イタリナ、ドイツ薬品支援、マルティーズ・インターナショナル、マロン派宣教会、ラウール・フォレレアン財団、チェコ・カリタス、スロヴァキア・カリタス、ニネベ救済人道団体、聖ヴァンサン・デ・ポール、アユト・アラ・キエーザ・ソッフル・オンルス（苦難の教会支援）、ベネファクトリ・イタリアニ・コン・クリスティアーニ・ディラク（イタリア・イラク支援）、ＪＣＦ（日本チェルノブイリ連帯基金）[12]。

国際支援機関から最初に難民を訪れた代表は、「苦境にある教会支援」のヨハンネス・ヘレマン男爵である。彼は二〇一四年八月にイラクを旅行し、アルビール、ドホーク、ザーホーの難民を訪れた。彼は、緊急援助を与えるだけでなく、考えなければならない課題がある、と語った。すなわち、キリスト教徒やほかの少数派の人たちに現在起きているような危機が繰り返されないように保証するためには、何ができるかということである。彼は世界の政府に向かって、即刻行動を起こすように訴えた。

もし、何もしないで、イラクのキリスト教の歴史の最終章を黙って見ているだけでは駄目だと思ったら、国際社会は断固応答しなければなりません。……差し迫った集団虐殺を物語ることはできるでしょう。教会は、痛みや欠乏を和らげることはできるでしょう。しかし、安全とか防衛というのは、生きる権利とか宗教の自由という問題と同様、政治的な課題です。

二〇一五年五月、アルビールを訪れたレオナルド・サンドリ枢機卿は、困窮状態を査定するために難民を訪れていたROACOの一〇人と会った。その中には、フランスとドイツの団体の責任者がいたし、「苦境にある教会支援」、「聖なる子供協会」、「カトリック近東福祉協会」があった。カトリック近東福祉協会の長モンシニョール・ジョン・コザール氏が伝えたのは、水が最も重要な必要品であるが、水道水がなくても、お茶をいただくことができるし、極端な貧困、まったくプライバシーのない状態、個人や家族のスペースがないことなどがあっても、難民たちは、歓迎し、感謝と希望で満ちているということであった。

ここで重要なことを伝えておかなければならないが、バグダードの中央政府からも、クルディスタン地域政府からも、資金の援助は何もなかったということである。

10　人権団体と「大量虐殺（ジェノサイド）」の問題

キリスト教指導者たちは、二〇〇三年以来、たゆむことなくあらゆる少数派の人たちの平和と正義を促進するために、また自国民の迫害と人権蹂躙の中でも、国民の一致を促進するために働き続けてきた。このことは国際パックス・クリスティに認められ、当時のキルクークのルイス・サコ大司教に「二〇一〇年国際平和賞（2010 International Prize for Peace）」を贈った。この賞は、国の小宗教の信徒を護った努力が評価されたものである。ルイス・ラファエル一世サコは総大司教となって、二〇一五年七月二七日に、イタリアのイェルシ市から、「国際〈ラ・トラッリア〉エスニック・グループおよび共同体賞」を表彰された。この賞は、今年八回目になるが、伝統、環境、人権擁護、また小規模共同体、民族グループの人権と文化・宗教的アイデンティティを促進する顕著な働きをした人々に与えられるものである。

イラクの少数派の人たちが武装グループのターゲットになったのは二〇〇三年の直後であるが、イラクやシリアの少数派に対する残虐行為が危険な状態になったのは、二〇一四年六月から八月のことである。その状況は、大量虐殺の瀬戸際まで来ているのではないかという議論が始まった。二〇一四年六月にモースルがＩＳの支配下に入ってから、またキリスト教徒やヤズィーディー教徒がモースルやニネベ平原から強制的に退去させられてから、イラクのキリスト教指導者たちは、国連、ヨーロッパ議会、また多くのヨーロッパやアメリカの会議で懸念の声を上げた。また彼らは個人的に政治指導者たちに会い、正義が行われるよう求めた。加えて、数多くのイラク人キリスト教徒やヤズィーディー教徒がいくつかの人権団体を通して、直接、体験談を語るようになった。

「イラク・ハムラビ人権団体」は二〇〇三年創設されて以来、少数者の権利を護る運動をしてきた。モースル危機以来、その団長のパスカル・ワルダ氏は、団体のほかのメンバーたちと一緒になって難民を訪ね、委員会は、ＩＳを非難する包括的な報告書を作り、常に人権侵害を報告してきている。その報告書は、国際人権団体に送られ、またアメリカのジョン・ケリー国務長官にも渡された。

二〇一四年八月の事件以後、ＩＳの残虐行為を表現するのに「大量虐殺（genocide）」という表現を最初に使ったのは教皇フランシスコであり、その後も潘基文、ヒラリー・クリントン、アンジェラ・マーケル、リバプールのアルトン卿などの著名人が、その言葉を使用するようになった。

数多くの人権団体が、イラクとシリアの少数派の人たちに起きていることに関心を持ち、多くの人が彼らの人権が侵害されていると報告し、正義が行われるように行動を起こした。そして彼らに対するＩＳの行動を「大量虐殺」と考えるようになった。

ＩＳの罪は、自己宣伝であり、自分たちに従わない者は、誰であっても「消す」という様子は、全世界に放映されたものの、各国には、「大量虐殺」の罪を止めさせ、罰するためには国連が定めた基準を満たす証拠が必要である。

一九四八年に、犯罪を阻止し罰するために、国連は、「大量虐殺」という概念を、次のように定めた。「国民的、人種的、民族的又は宗教的集団を全部又は一部破壊する意図を持って行われた行為を意味する」。重要なのは、大量虐殺とは、グループ全体を壊滅させることだけをいうのではなく、グループ全体、またはその一部を破壊する意図を持って行動することであると定義していることである。

二〇一五年三月一九日、国際連合人権高等弁務官事務所（ＯＨＣＨＲ）が、ＩＳによって犯された広範囲に及ぶ虐待についての報告書を公開した。それは、イラクとシリアにおける民族的、宗教的グループへの攻撃が、人類に対する戦争犯罪、また大量虐殺に匹敵するというものであった。この報告書は、ヤズィーディー教徒に集中しており、イラク軍の非行、ＩＳによるヤズィーディー教徒に対する扱いが大量虐殺であると考えている。報告書はまた、最も強い表現で、「大量虐殺は、人類に対する罪悪であり戦争犯罪」であると報告すべきであると国連安保委員会に呼びかけた。そしてイラクの状況を国際刑事裁判所（International Criminal Court）に調査させることを考慮するよう訴えた。

それに加え、さまざまな人権運動家と団体が、同じ結論に達し、政府に同じような法案を通過させるように働きかけている。その結果、ヨーロッパ刑事裁判所（European Court of Law and Justice/ UCLJ）は、ＩＳの行為はキリスト教徒と他の少数者に対する大量虐殺であると認め、およそ一〇万人の署名をつけて、ヨーロッパ議会に対して、キャンペーンを行った。それに答えて、二〇一六年一月二七日、欧州評議会において、ＩＳの罪を「大量虐殺」と断罪した。また評議会は、この決定を諸国に採用するよう勧め、「大量虐殺罪の防止および処罰に関する条約」に基づいた行動をとるように勧めた。同様の決議が、二〇一六年二月四日のヨーロッパ議会で決定され、加盟諸国に、国際法に則って、目標とされているグループに対し軍事防衛を含む防衛と支援を行うよう勧めた。

米国では下院が二〇一六年三月一四日、満場一致（三〇三対ゼロ）で、ＩＳによって、少数者に対して大量虐殺が犯されたことが可決され、国務省とホワイトハウスに対し、訴訟を起こすよう呼びかけた。

ワシントンでは、人道主義団体である「コランバス騎士団」が「キリスト者防衛団」と共同で、二〇一六年三月九日、「中東におけるキリスト教徒大虐殺」というタイトルの広範囲にわたる報告書を提出し、米国政府に、キリスト教徒やその他の少数者に対する残虐行為を、「大量虐殺」と明言するように要求した。この報告書は、実情調査団がイラクに行き、キリスト教徒に対する大量虐殺の証拠を集めたものである。それは満員の記者会見の場で公開された。その場には、二つの団体とその他の人権運動家の代表によるパネル・ディスカッションも含まれていた。また、高い評価を受けている学者でありキリスト教聖職者であるイラクのダグラス・バズ神父とディンハ・ジョーラ神父もおり、この報告書の編集でチームを助けていた。英国コプト教会のアンゲリオス主教も出席しており、ISによってコプト教徒が迫害されていると語った。その後、アメリカ国務大臣ジョン・ケリーはISの行為を「大量虐殺」と明言した。「私の考えでは、ISは、その支配下の地域の人たちに対する大量虐殺に対して責任があると考える。その中には、ヤズィーディー教徒、キリスト教徒、マンダ教徒、カカイ教徒、イスラム教シーア派教徒を含んでいる」。

『クリスチャン・ポスト』紙は、一〇〇以上の国際団体や、アッシリアやイラクの団体からバラク・オバマ大統領に宛てられた初期の手紙のコピーを手に入れた。その手紙では、彼の政権がヤズィーディー教徒だけでなく、キリスト教徒やそのほかすべての少数派に対する残虐行為を「大量虐殺」と明言するように書かれていた。

ロンドンでは、国会両院のあらゆる党派から七五人の議員が二〇一五年一二月一七日、デイヴィッド・キャメロン（David Cameron）首相に、シリアとイラクのキリスト教徒やそのほかの宗教や少数民族に対する残虐行為を「大量虐殺」と明言するようにと訴えた。

英国議会は二〇一六年四月二〇日、ＩＳの行為を「大量虐殺」と認定するというように二七八対ゼロで可決した。

「大量虐殺」というのは、意味論の問題ではない（言葉の意味を議論してすますような問題ではない）。国連やその他の国でこれが採用されれば、この決議は、この犯罪団体を支援する国家や個人には法的手続きに従わなければ、罰則を適用することを意味する。犯罪者は、彼らの犯罪に対して国際社会に釈明する義務があるということであり、また、国連加盟国が犯罪を止めさせ、犯罪者を罰する行動を起こすべきであるという明確なメッセージを伝えている。加えて、ＩＳが崩壊した後、家を奪われた人たちの土地や家の所有権を確保することも意味している。さらに、これ以上の破壊や、人権と尊厳が傷つけられるのではないかという恐怖から人類を守るための一歩でもある。

現在の大量虐殺は、第一次世界大戦のとき、オスマントルコがアルメニア人やシリア・キリスト教徒に対して行った大量虐殺のことを思い起こさせるものである。そのときには、一〇〇万人以上のアルメニア人（教徒）、五〇万人のあらゆる教派のシリアのキリスト教徒が皆殺しにされた。彼らは、今日のＩＳのやり方と同じことをしていた、すなわち、殺害、婦女暴行、暗殺部隊（政府の黙認のもとに政治犯などを殺害する内密の部隊）、イスラム教への強制改宗、遺産と文化の完全破壊である。

シリア・キリスト教徒は、彼らの「大量虐殺」を「シフォ（Syfo）」、すなわち「（主の）剣の年」と呼んでいる。二〇一五年七月に、すべての中東の教会が、この一〇〇年記念の時を持った。そして、この機会に、二〇一五年八月二日から四日まで、ベイルートのカスリーク聖霊大学（Universite de Saint-Esprit de Kaslik/ USEK）において会議が開かれた。その会議には、あらゆる教派の宗教指導者たちと学者、この問題に関する専門家が集まった。この「大量虐殺」は、スウェーデン、アルメニア、オランダ、オーストリア、オーストラリアで公式に認定された。

11　ＩＳに対する国際社会の政治的取り組み

西側諸国の政府は、一般的なキリスト教徒の迫害にも、キリスト教の発生地である中東の迫害にもあまり関心を示していない。しかしＩＳのひどい残虐行為とその余波が西側諸国に影響を与えるようになると、それを阻止し、残虐行為を終結するために、中東とも協力し合うようになった。

モースル占領の直後、イラクのヌーリー・マーリキー首相は、アメリカ政府に、モースル空爆を始めて、モースルを解放してほしいと要求した。アメリカのバラク・オバマ大統領は、援助することを考える前に、まずマーリキー首相がその地位を放棄するように求めた。首相はハイダル・アバーディに交代し、米軍はイラク領空を飛ぶ権限を与えられた。

フランスのフランソワ・オランド大統領は、二〇一四年九月一二日、イラクを訪れた最初の大統領である。外務大臣と防衛大臣を従え、イラクの同閣僚、フアード・マアスームと会見し、さらに新しく就任したハイダル・アバーディ首相とも会った。続いて、西側諸国から代表者が次々と訪れた。アメリカ外務副大臣、カナダの首相、ドイツの防衛大臣、オランダの外務大臣、イギリスの移民担当大臣、またイギリス、ドイツ、オーストリア議会の代表団が訪れた。西側諸国の間で交渉が進んだ結果、アメリカ合衆国は、ISをどうしたら良いかということを議論するためのサミット[13]を計画し、二〇一四年九月二五日に、国連本部で会合した。アメリカ合衆国、ヨーロッパ諸国、アラブ諸国[14]の同志連合が結集し、カナダとオーストラリアもそれに加わった。

サミットの参加者は、ISの支配する土地に空爆を加え、ISと戦っているシリアとクルドの「穏健」抵抗グループに武器を与えることを含め、国際的に承認された「軍事介入」を支持した。サミットの決定は、国連で承認され、連合軍はISを壊滅するためには、あらゆる手段を用いて良いとの指示を出した。

また、イスラム過激派思想を生み出す根本原因に取り組み、徹底的に関わるよう呼びかけ、宗教を利用し、暴力を正統化することを非難するだけではなく、キリスト教徒、イスラム教徒、その他の宗教指導者間の対話と相互理解を呼びかけた。

彼らは、残酷にも家を無理矢理追い出された人たちに、それぞれの家に帰ることができるのを保証し、二〇〇〇年の間住み続けてきた土地の確保を保証することが必要であると強調した。サミットの開会に当たって、フランシスコ教皇は武器の不正売買が、その地方の多くの問題の根となっていると述べた。

イランは、シリアに関しては、国際社会の多くと反対側の立場に立っているが、ISに対しては、協力を呼びかけ、ISの活動を阻止するためにイラクでは鍵となる役割をしてきている。

トルコの立場は、はっきりしない。トルコは、外国のジハーディストがシリアへの国境を越えることを許し、ISから送られる原油の通過を許している。また二〇一五年七月一五日に、トルコ国内の都市が、自爆テロリストの自爆で、二七人の死者を出し、多くの負傷者を出すまでは、NATOに基地を使わせることを渋っていたが、テロの直後、ISを目標とした米軍の空爆のために、空軍基地を制限的に使用することを許した。

ヨルダンは、IS戦闘員に対する空爆を実行することで、アメリカと手を組んでいる。また、イラクとシリアの国境の軍隊を倍増している。ISがヨルダン国境を破壊すると脅かしているからである。ヨルダン人の多数は、ISと戦うことで政府を支持している。ところがISに同調するものもかなりの割合でいる。その何人かは、南部の町マアンで、デモを行った。二〇〇〇人以上のヨルダン市民がＩＳと共に戦うために過去二年間シリアまで行ったと考えられている。ヨルダン人パイロットのムアズ・カサースベが、二〇一四年一二月に、ＩＳに捕らえられ、生きたまま火あぶりに処せられたため、ヨルダン政府は、本気でＩＳ戦闘員を相手にする決意を固めた。

アラブ首長国連邦は、連立を組む前から、イラクのＩＳには攻撃を加えることを申し出ていた。ダーラン（al-Dhahran）空軍基地は、極秘のアメリカ施設であり、そこからアメリカ政府と同調して、その地域の攻撃と偵察任務を行っている。

バーレーンには、米国海軍第五艦隊の司令部が置かれている。この艦隊は湾岸地域、紅海、アラビア海、そしてインド洋の一部の海軍力の責任を持っている。そして、シリアにおけるＩＳに対するアメリカ主導の軍事行動に加わった。

カタールは、シリアのＩＳに対する米軍主導の軍事行動の支援参加国の一つであるのに、シリアの強硬派イスラム・グループにも資金と武器を供与しているということで非難を受けているが、カタール政府はこれを否定している。ただ、裕福な人は、個人的にそのような寄付を行っていると思われる節がある。

フランスは、二〇一四年八月以来、ＩＳと戦っているクルド軍に武器を供与し続けている。また国際同志連合ができる前から、イラクの空爆を行ってきた。偵察飛行をずっと続けており、イラクの北部のクルド人戦闘員に武器を与えている。フランソワ・オランド仏大統領は、イラクには地上軍を送るつもりもないし、シリアの空爆を正当化するつもりはないと主張している。フランスだけでなく、全世界を震撼させた二〇一五年一一月一三日のパリの残虐な攻撃（テロ）[15]の後は、大統領はISと戦う決意を強く固めた。「九・一一」とヨーロッパでは言われ、国際社会に中東の複雑な問題の解決を見つけることは、喫緊の課題であると、人々を目覚めさせた。

イギリスは、ISと戦うのを渋っていたが、ようやく連合に加わった。しかしシリア空爆では、ISと戦うために行っていた二人の英国人兵士を殺してしまった。パリのテロの後、軍備を倍増し、空爆によって、ISにとって重要な油田を破壊した。

ドイツは、空爆に加わることは避けたが、人道援助を献身的に行っている。またISと戦うためのクルド軍の訓練を行っている。ドイツは、難民を最も多く受け入れており、特にシリアからの難民を受け入れている。

ロシアは、ラトキアの駐留軍を強化し、中東の政治的シナリオを完全に変えてしまった。ウラジーミル・プーチンは、アサド政権を守ることで、ヨーロッパへの移民の流れが止まり、西側と力を合わせれば、ISを負かすことができると主張した。今のところ、西側の目標は、アサド政権をひっくり返すことであり、これはプーチンと争うことを意味している。しかし、パリ襲撃とシャルム・アル＝シークを発ったロシア航空機が爆破されてから[16]、西側の態度が変わった。二大国の間で、不信感と疑惑を抱きながらも交渉が始まった。フランスの大統領が、二〇一五年一一月一九日に、シリアでＩＳと戦うために協力する目的で、モスクワでロシアの大統領に会った。しかし、シリアのバシャル・アサド大統領をどうするかということでは同意できなかった。一方で、ＩＳは、中東だけでなく、世界のほかの地域にも、大きく影を落としているので、欧米政府が、シリアとイラクの問題で、緊急に政治的に解決する必要があることにようやく気づいてきた。最近アサドの軍隊が、パルミラ遺跡を奪還したことが、全世界に勝利であると歓迎されたことで、ＩＳと戦うためには、アサドの協力を受け入れるようと態度が変わってきていることを示している。

イランは、ロシアと手を結び、シリアにエリートの共和国護衛兵を配備し、ＩＳやアサド軍と共に反乱軍と戦うために、シーア派の民兵を指揮していたヒズボラと手を組んで、彼らを支援した。制裁措置が取り除かれ、ハサン・ロウハーニー（Hasan Rouhani）大統領が、ヨーロッパ諸国を訪問したことで、イランとの関係、中東の政治問題解決に向けた新しい時代の先駆けとなった。

本書を書いている最中にも、ＩＳに対する戦いは、激しさを増し、イラクとシリアでのＩＳの力は弱まったように思われる。パリとブリュッセル(17)の攻撃は、死にものぐるいの報復であり、連合に対する警告だと信じられている。イラクからの情報によれば、モースルにおけるＩＳに対する奪回作成は切迫しており、二〇一六年は、モースル解放が始まることであろう。とはいえ、Ｉ

Sはまだ力を持っており、リビアやアフガニスタンに新しい拠点を見つけ、メンバーは西側を含め、あらゆる国に存在している。

注

（1）サコ総大司教（Patriarch Sako）：二〇一三年一月二八日、総大司教に選ばれた。彼は、二〇〇三年以後、キルクークの司教であったときから、最も率直に意見を述べる総大司教である。キリスト教徒やほかの少数派の権利を守り、対話と平和と和解を呼びかけている。

（2）［訳者］列福（ラテン語：Beatificatio，英語：Beatification）：キリスト教、カトリック教会において徳と聖性が認められ、聖人（Saint）に次ぐ福者（Beato）の地位に上げられることをいう。（参考：列聖（ラテン語 Canonizatio）：キリスト教で聖人崇敬を行う教会が、信仰の模範となるにふさわしい信者を聖人の地位にあげることをいう。ほとんどの場合、死後に行われる。カトリック教会においては徳と聖性が認められた福者（Beato）が聖人（Saint）の地位にあげられることをいう。）

（3）反セム主義（anti-Semitism）：反ユダヤ主義ともいわれ、ユダヤ人およびユダヤ教に対する敵意、憎悪、迫害、偏見を意味する。十九世紀以降に人種説に基づき反セム主義と呼ばれるようになった。最も顕著なのが、ナチによるユダヤ人迫害である。

（4）総主教座（Partriarchate）：一九三三年のシンメルの大虐殺、イラクのマル・エシ・シモンをイラクから強制退去・追放させられた後、シカゴに総主教座が置かれている。

（5）［訳者］シーク（sheikh）：アラビア語では、シャイフまたはシェイフと呼び、部族の長老、首長、崇拝される賢人、あるいはイスラム知識人を意味する。英語では、シークまたはシェイクなどと発音・表記される。

（6）［訳者］エキュメニズム（Oecumenism/ ecumenism）：キリスト教の教派を超えた結束を目指す主義、キリスト教の教会一致促進運動のことである。世界教会主義ともいう。転じて、キリスト教相互のみならず、より幅広くキリスト教を含む諸宗教間の対話と協力を目指す運動のことを指す場合もある。

（7）［訳者］タントゥール・エキュメニカル研究所（Tantur Ecumenical Institute）：一九六〇年から開かれた第二バチカン公会議の議論に発する。ノータ−デイム大学（University of Notre Dame）が、エルサレムの南に広大な校地を購入し、イエスの「世界が私をあなたが使わせてくださったことを世界の人が信じ、彼らが一つになるように」と言われたイエスの祈りの実現を目的として建設された。あらゆる教派のキリスト教徒の一致と和解のために、共に生活し、生きた神学を学ぶことによって、それが可能であると信じている。また、ほかの信仰を信じる人たちとも関係を求め、強化する目的も持っている。イングランド・サリー州に分校があり、ロンドンに研究所の「トラスト」がある。

（8）パスカル・ワルダ（Pascal Warda）：人権運動家である。彼女は、イラク人権団体「ハムラビ人権団体（Hamurabi Human Rights Organization/ HHRO）」の共同創設者である。またバグダードのアッシリア女性連盟（Assyrian Woman's Union）の会長であり、イラク暫定政府の移民・難民担当大臣であった。

（9）東洋教会支援団体連合（Riunion Opere Aiuto Chiese Orientale/ ROAC0）：世界中のさまざまな国

からのカトリックの資金提供機関をまとめる委員会である。委員長は、東方教会聖庁長官レオナルド・サンドリ枢機卿である。このさまざまな支援団体は生活のさまざまな領域の援助をしている。礼拝堂から奨学金、学びの家、社会・医療施設まで。英国、ドイツ、フランス、スイス、オーストリア、オランダに加え、アメリカに本拠のある「カトリック近東福祉協会（Catholic Near East Welfare Association/ CNEWA）」と「パレスティナ教皇ミッション（Pontifical Mission for Palestine）」も含まれている。

（10）カトリック近東福祉協会（Catholic Near East Welfare Association/ CNEWA）：人道支援と牧会支援のための教皇庁、モンシニョール・ジョン・E・コザーが長。

（11）ミセレオール（Misereor＝ラテン語の「同情する、恵む」の意）：ドイツカトリック司教の発展協力の組織。過去五〇年以上、ミセレオールは、アフリカ、アジア、ラテン・アメリカの貧困と戦うために立場を明らかにしてきた。ミセレオールの支援は、必要としているあらゆる人――宗教、民族、性別に関係なく――行われてきた。その他、多くの支援団体の名前が挙げられているが、正確な情報がないので、省略する。

（12）日本チェルノブイリ連帯基金（Japan Chernobyl Foundation）：人道援助に献身している公的団体である。主な援助は、白血病やその他の病気の子供たちに医療を施すことである。一九九一年に、チェルノブイリの災害に影響を受けた人たちに医療を施すために作られた団体であるが、二〇〇四年以後、イラクにも援助をしている。

（13）ヨーロッパ諸国（European countries）：フランス、ドイツ、イギリス、オランダ、ベルギー、デンマーク、チェコ共和国、イタリア、エストニア。

（14）アラブ諸国（Arab countries）：サウジアラビア、ヨルダン、アラブ首長国連邦、カタール、ドーハ、バーレーン、オマーン、クウェート、エジプト、レバノン。

（15）パリ襲撃事件（terrorists' attacks in Paris）：二〇一五年一一月一三日、ＩＳがコンサートホール、カフェー、レストラン、サッカー競技場を襲い、一三〇人以上が殺害され、さらに多くの負傷者を出した。

（16）ロシア機爆破事件（explosion of Russian aeroplane）：シャルム・アル・シークを飛び立ったロシアの飛行機が、離陸直後、爆発し、二二五人が犠牲になった。飛行機に爆発物があったためであることが明らかになっている。

（17）ブリュッセル襲撃事件（terrorist's attack in Brussels）：ブリュッセルの攻撃は、二〇一六年三月二二日に発生し、さまざまな国籍の四〇人が殺害され、多くの負傷者を出した。

Epilogue

終　章　要約と結論

イラクのキリスト教徒は、二〇〇三年以来、現代の十字架の苦しみを経験している。しかし、突き落とされた地獄の底にまでは、まだ到着していない。少なくとも、イラクのキリスト教徒人口の三分の二は去った。また残っている人たちも怯えながら暮らしている。過激派によって迫害され、多数の人たちが家や国を出ることを余儀なくされたが、それだけでなく、社会構造に起こった変化で、少数者が社会に融合することが大変難しくなった。これは、キリスト教徒をイラクに結びつける要素であった「イラク国民」というアイデンティティが弱くなったことが、理由の一部である。また多数のイスラム教徒に人格の変化が起きたことも理由に挙げられる。すなわち、自分たちは、宗教を中心として生きていると考え、イスラム教徒でない者は、少なくとも下等なものと考えられるようになったことである。こうした変化が、腐敗と身内びいきと相まって、キリスト教徒を無視された状態に追いやっている。

イラクのキリスト教徒が、二〇〇六年から七年にかけて、バグダードのドラの家を追い出され、カルバリ山を登っていたとき、シリアのキリスト教徒が自分たちも同じような十字架の道を通っているのに、自分たちを助けてくれたことを知って、衝撃を受けた。いわゆる「アラブの春」が、「冬」に変わってしまい、中東に民主主義と自由を促進する目的の運動がすべて凍りついてしまったのを見て当惑した。そのかわり、派閥主義が幅を利かせ、イスラムの過激思想運動とテロリスト組織が中東全体にはびこり、ＩＳが台頭し、シリアとイラクでは、少数派イスラム教徒、キリスト教徒、その他のマイノリティ・グループの何百万の人たちが、家から追い出された。

二〇〇三年の侵攻後、すぐに始まったイラク・キリスト教徒の窮状に対する国際社会の反応は、適切とはほど遠いものであった。西側の反応は、概して無言で、ＩＳが出現し、その極端に残虐な様子を自己宣伝するまでは、一般メディアでは、ほとんど報道されなかった。英国では、イラクのキリスト教徒の迫害のニュースは、宗教新聞(1)以外では報道されなかった。

混乱状態、スンニ派とシーア派の衝突、中東全体にわたる腐敗と統治の悪さから、社会のあらゆる階層が苦しんでいるのに加え、二〇〇三年の侵攻直後より中東からキリスト教徒を一掃しようという計画があったことは明らかである。イラク、シリア、エジプトにおけるキリスト教徒に対するテロ行為は、ときどき報道があるが、それぞれが関係ない個別の犯罪事件ではなく、キリスト教徒を国から追い出そうとする反キリスト教運動を目的とした狡猾な暴力の一部であると考えられ、今や「大量虐殺」と認定されるレベルにまで達した。少数者の大量虐殺は、二〇〇三年以来、イラクでは断片的に生じていたが、ＩＳの行動が、高等弁務官事務所、ヨーロッパ議会、英国議会で「大量虐殺」と宣言されたことは希望の印である。できれば、国連安全保障理事会同様、西側諸国全体で、同様の決議がなされることを希望する。

初期のアメリカ主導の連立によるＩＳに対する攻撃は、失望させるものであったが、今や、ＩＳの影は全世界に迫ってきているので、国際社会の反応は変化してきている。最近のロシアによる干渉、パリにおけるＩＳの攻撃、シャルム・アル・シークからのロシア機の追撃、ベイルート、トルコ、アメリカにおける自爆テロ、ブリュッセルにおける攻撃が、欧米の政府を目覚めさせ、ＩＳに対して、より強硬な立場を取り、シリアとイラクの悲惨な状況に対する緊急の解決を見出そうとしている。しかし、ＩＳに対する国際社会としての仕事は、イラクやシリアの枠を越え、他の国々にまで及んでいる。ＩＳに資金と武器を供与することを規制すること、過激思想とテロの根源に対処することが喫緊の課題である。

苦しみに遭いながらも、イラクのキリスト教徒は、大変な勇気を持って、この大惨事に取り組んできた。教会は、勇気を持って教会員を支えてきた。特に二〇一四年、一夜のうちに家を立ち退かされた一二万人の人たちを支えてきた。教会は、品位を持って悲劇を切り抜ける手助けをする鍵となる重要な役割を果たした。数知れない国際支援団体の援助によって、教会は、すべてを失った人たちに家と食事と励ましという最低限度の必要をなんとか与えることができた。驚くべきことは、犠牲者の多くが、キャラバンや仮設住宅に住みながら人々を力づけ、聖職者たちと手を取り合って、共同体を支えていることである。学校や療養所が建てられ、自分自身も難民でありながら、子供たちを教え、患者の治療を行い、傷ついた人たちにカウンセリングをしている。そこを訪れた人々は、声を揃えて、彼らの信仰の深さを証明している。信仰こそ彼らを支えてきた最も重要な要素なのである。

さまざまな教派の教会指導者たちが、国連やEUで講演し、会議やさまざまな政治家と会い、人々に正義が行われるようにと求めた。彼らは、国際社会に向かって、彼らから没収された先祖の土地の権利を守ってくれるように、また彼らが耐えてきた損害に保証をしてくれるようにと訴えてきた。

感想

国外流失はいぜん続いているが、多くの人たちは残ることを決意している。ある人たちは土地を愛して、執着しているため、ある人は、残って困難な中で信仰の証をすることが自分の使命だと感じて残っている。また大変な貧しさのゆえに、危機がやってきても、なんとかそれに耐え、処していく以外にないために残るしかない人たちもいる。預言者イザヤは、「残りの者たち」が、「イスラエルの聖なる方」に全き信頼を置き、破壊にもかかわらず生き残ると書いている。わたしの思うに、そのような残りの民は、わたしの愛する祖国イラクに留まり、将来何が起ころうとも、闇に輝く光となってくれるだろう。殉教者の血は、常に命の種であり続けた。

このような事柄は、イラクのキリスト教徒にとっては、大変骨の折れることではあるが、新しいことも起きはじめている。イラクの教会は、世界中にその共同体を広げ、国際教会になってきていることがそうである。古くから定着していたデトロイト、シカゴ、カリフォルニアの教会は、難民によって数が増し、その存在が強化されている。その他、ヨーロッパの国々、ニュージーランド、オーストラリア、カナダに新しい共同体（教会）ができている。イラクのあらゆる教派のキリスト教の総主教が、国外に散らされた共同体の世話をしている。それはちょうど初期の東方キリスト教徒たちが、キリスト世紀一世紀に、迫害され土地から追い出されて、世界中にキリストのメッセージを伝えたのと同じように、イラクのディアスポラ（＝散らされた人々）がキリストのメッセージを全世界に伝えてくれるだろうという希望を持っている。

注

（1）宗教新聞（religious papers）：『カトリック・ヘラルド』紙（二〇一四年七月二五日）。「西方の指導者たちは、イラクの信仰者たちが、改宗するか、金を出すか、死を選ぶかを責められているときに、無言のままでいる」。

『ユニヴァース』紙（二〇一四年一一月一四日）「中東を巡って、キリスト教信仰の光が消されようとしているとき、西側は、のんびり座っている」。

訳者あとがき

本書は、『イラクのキリスト教』(2016)の続編である。スハ・ラッサム博士は、第一版(2005)で、第一章から第七章、第二版(2010)では第八章を加え、第三版(2016)では、さらに、最新情報を加え第九章とした。訳者は、著者の了解を得て、第二版をもとにして、七章までを翻訳し『イラクのキリスト教』として上梓した。あえて七章までにしたのは、そこでイラクのキリスト教通史が終わり、八章が最近の迫害の情報が中心になっていたこと、また当時、第三版を加筆執筆中であると聞いていたので、八章と九章をまとめ、題を『十字架の道を辿る』とし、別の本として出版した方が良いと考えたからである。加筆された第九章では、さらに二〇一〇年以後、二〇一六年までの状況を詳しく述べている。本書は最近のイラク・キリスト教の詳しい現状を、特に惨状を知っていただくために、八章と九章を別冊として翻訳したものである。中東、さらにそれを巻き込んで世界中がこの問題を抱えており、二〇一七年には、ロンドンでテロが起きるなど、博士は、いつまでも加筆しなければ、本書は終わらないことになる。しかし、その惨状は、九章まででおよそ知っていただけるものと思うので、これを翻訳することにした。

二〇一七年七月の今、ＩＳに対する奪回作戦は、ほぼ終結に近づいていると言われる。ラッカもモースルも、政府による完全制圧は、もう時間の問題であると言われている。モースルは、七月九日に「解放」が表明された。ところが、テロはむしろ世界に拡散しており、終結していない。二〇一七年に入ってからも、トルコ（一月一日）、イスラエル（一月八日）フランス（二月三日、四月二〇日、六月六日）、イギリス（三月二二日、五月二二日、六月三日）、ロシア（四月三日）、スウェーデン（四月七日）、エジプト（四月九日、五月二六日）、インドネシア（五月二四日）、イラン（六月七日）などでイスラム過激派によるテロが発生している。そればかりではない、ＩＳは、中東を追われそうになっている今やその根拠地を求め、東南アジアに拠点を求め進出してきている。フィリピンのミンダナオ島では、四〇〇人に及ぶＩＳ戦闘員が多くの罪のない市民を、誘拐し、奴隷とし、さらに殺害している。

ところが、フィリピンの状況が、日本ではまったく報道されないことに、驚きと、怖さを感じる。世界ではかなりの問題となっているのにもかかわらず、日本政府もメディアも、まったく報道していないのである。

この状況は、「テロ等準備法案」を通過させたい（あるいはさせたくない）ためのメディア操作であるとも言われる。あるいは、フィリピン政府の要請があったからであるとも言われている。旅行者の減少はフィリピンにとっては、死活問題となるからであろう。しかし、メディアには、もっと日本国民に真実を知らせる義務があるのではないか。それにしても、フィリピンは、日本からは数時間の飛行で行くことが可能な距離にある国である。日本への直接の影響も懸念される。今のフィリピンの状況は、二〇二〇年の東京オリンピック・パラリンピック開催にも影響を与えかねない危険性を十分持っている。

著者、スハ・ラッサム博士も、メールで、「サウジアラビアは、モスク建設のために、インドネシアに数十億ドルの資金提供をしている。アル＝カーイダと同じ考えを持った『ワッハーブ派』の思想推進をサウジアラビアは支援している。日本政府や同地域の政府も警戒を怠らず、活動を活発に進めているフィリピンのＩＳに対し、少なくとも何らかの行動を始める必要がある」と伝えてきている。著者は、本書を終えるにあたり、将来に対する展望と期待を述べている。著者の望むような明るい未来が開くことを祈っている。

前書のあとがきにも述べたように、固有名詞にかなり苦労したが、今回も同じ問題があった。ただ、以前より、さまざまな情報から、より正確（厳密に正確というにはほど遠いが）な名称がわかったものについては（最近の情報が中心であるので、歴史的な名称は必要なかったため）、前書と異なった名称にしていることをお許しいただきたい。ところが逆に、中東の最近の人たちの名前はあまりまだ知られていないので、どう表記するかはかなり難しい。インターネットで調べられる人物については、それを参考にした。ただ、カトリック教会の役職者はかなり知られているものの、東方の教会の役職者については、ほとんど調べても出てこない。それだけ、東方教会に対する認識がまだ低いことを表しているのだと改めて確認することができた。Patriarch、Bishopなどの呼称についても、同じ問題は残るが、今回は、カトリック教会との関連が非常に強いので、どちらかというと、カトリックの用語を使用することが増えた。また、今回は、それに加えて、中東とヨーロッパが主体に登場するが、それぞれの国で別名で呼ばれている人物が出てくることである。Georgeを英国教会では、「ジョージ」と翻訳し、中東では「ギルギウス」と翻訳するのが、妥当なのかどうかもかなり気を遣った。そもそもギリシア語のゲオルギオス（土地＋働くの意、農夫のこと）は、ヨーロッパに入って、ジョージ（英語）、ジョルジュ（フランス語）、ジョルジョ（イタリア語）、ゲオルク（ドイツ語）、ホルヘ（スペイン語）、ギオルギ（グルジア語）などと呼ばれるようになったが、古典アラビア語ではジルジスと発音される。現代アラビア語圏が舞台になっている本書では、ジルジスとした方が良いのかもしれない。モースルのシリア・カトリック教会の司教Georges Casmoussaは、フランス系と解し、「ジョルジュ」と翻訳した。ロンドンのSt John教会はそのまま「セント・ジョン」として、わざわざ「聖ヨハネ」とはしていない。シーア派と並ぶ教派は「スンナ派」が正式のようであるが、一般に日本ではスンニ派と呼ばれており、本書でもそう呼ぶことにする。University of Notre Dameについては、「ノートルダム」の名が一番知られているが、米国の大学は「ノーターデイム」と呼ばれているので、あえてそう表記することにした。もちろん、「聖母」と翻訳することもできるが、そもそもが固有名詞であるので、原音に近い表記を用いた。たくさんの「支援団体」の名前が出てくるが、これもわかるものについては、原音を重視した。本当は、それぞれに注をつけたかったが、かえって煩雑になるのと、その組織そのものがどのようなものかわからないものも多かったため、これも割愛したことをご了解いただきたい。

アラビア語の表記で、「アル」（定冠詞）のつく固有名詞について、今回は、それを省略するのが、日本表記の一般的な表記になっていることがわかったので、人物や地名の場合には、省略することを原則とした。組織名の中には、「アル」を付したものもある。

注については、前書と同じように、取捨選択をした。特に、今回の原注は、引用箇所であったり、事件の詳細な模様を知るためのホームページの紹介であることが多かったが、それらは割愛した。訳者注については、辞書のほかに、ウィキペディアなどの資料を参考にしている。今回も、緒方慎八さんと南早枝さんには、原稿を読んでいただき、それぞれ貴重な意見をいただいたことを感謝したい。校正・訳語の統一では根本美加子さんにお世話になった。なお、前書でお世話になった友川さんは、キリスト新聞社を退職され、今回は、同社の富張（とみはり）唯さんにお世話になった。

なお、イラクのキリスト教全体の歴史を知っていただくために、前書と併せてお読みいただければ幸いである。

本書の売り上げについても、前書と同様、売上金の一部を寄付としてＩＣＩＮ（Iraqi Christians in Need）に送ることにしています。もし、直接寄付をしていただける方は、http://www.icin.org.uk を開き、寄付（Donate）の方法を確認ください。また、そのことを、私までお知らせいただければ、大変ありがたいと思います。また私に直接日本円で御送りいただければ、ポンドに変換して、私から送るようにもいたします。ご協力を感謝します。

二〇一七年一〇月

アルビールのクリスチャン難民家族

場所	責任	家族数	人数	家・キャラバン数	費用＄／月
マル・エリア・キャンプ	ダグラス・バジ神父	120	600	120 キャラバン	5,000 維持費
キャンプ 128 − 189	ジャラル・ジャルジェー神父	234	1,170	234 キャラバン	15,000 維持費
アシュティ・キャンプ	インマヌエル・アデル神父	464	2,250	450 ダブルキャラバン	25,000 維持費
スポーツセンター・キャンプ	バシャル・ガティヤ神父	210	1,050	210 キャラバン	10,000 維持費
学校	シュワン・ハンナ氏	670	3,250	プラス 73 キャラバン	7,500 維持費
アンカワ	タビト・ハビブ神父	260	1,250	47 アパート	47,000 家賃
オザル市	ラアド・ファデル神父	975	4,875	215 家屋	82,500 家賃
カスナザン市	ヤスル・ナエエム神父	285	980	57 アパート	42,750 家賃
ガンジャン市	タビト・ハビブ神父	250	1,200	72 家屋	57,500 家賃
デルワザ市	ビーナム・ラロ神父	215	1,150	43 家屋	43,000 家賃
ナシュテンマニ・キャンプ (アルビール市)	ラベアア・ユシフ博士	340	1,700	200 ユニット	10,000 維持費
ゲハン・キャンプ (アルビール市)	ラベアア・ユシフ博士	70	400	40 ユニット	3,000 維持費
アルカルマ・キャンプ	ナジェエブ・ムサ神父	80	360	45 ユニット	3,000 維持費
アラマル・キャンプ	ナジェエブ・ムサ神父	160	800	135 ユニット	7,000 維持費
アルモタ・キャンプ (アルビール市外)	ザヤ・シャバ神父	150	600	5 大ホール	2,500 維持費
シャクロー・キャンプ (アルビール市外)	アネエス・ヤクブ神父	110	500	2 大ホール	3,000 維持費
ディヤナ・キャンプ (アルビール市外)	ヤスロン・ユクハナ神父	92	400	3 大ホール、5 家屋	2,500 維持費
IPD 家族	本人が家賃を支払う	7,400	37,000		
合計		12,086	59,535	637 キャラバン	

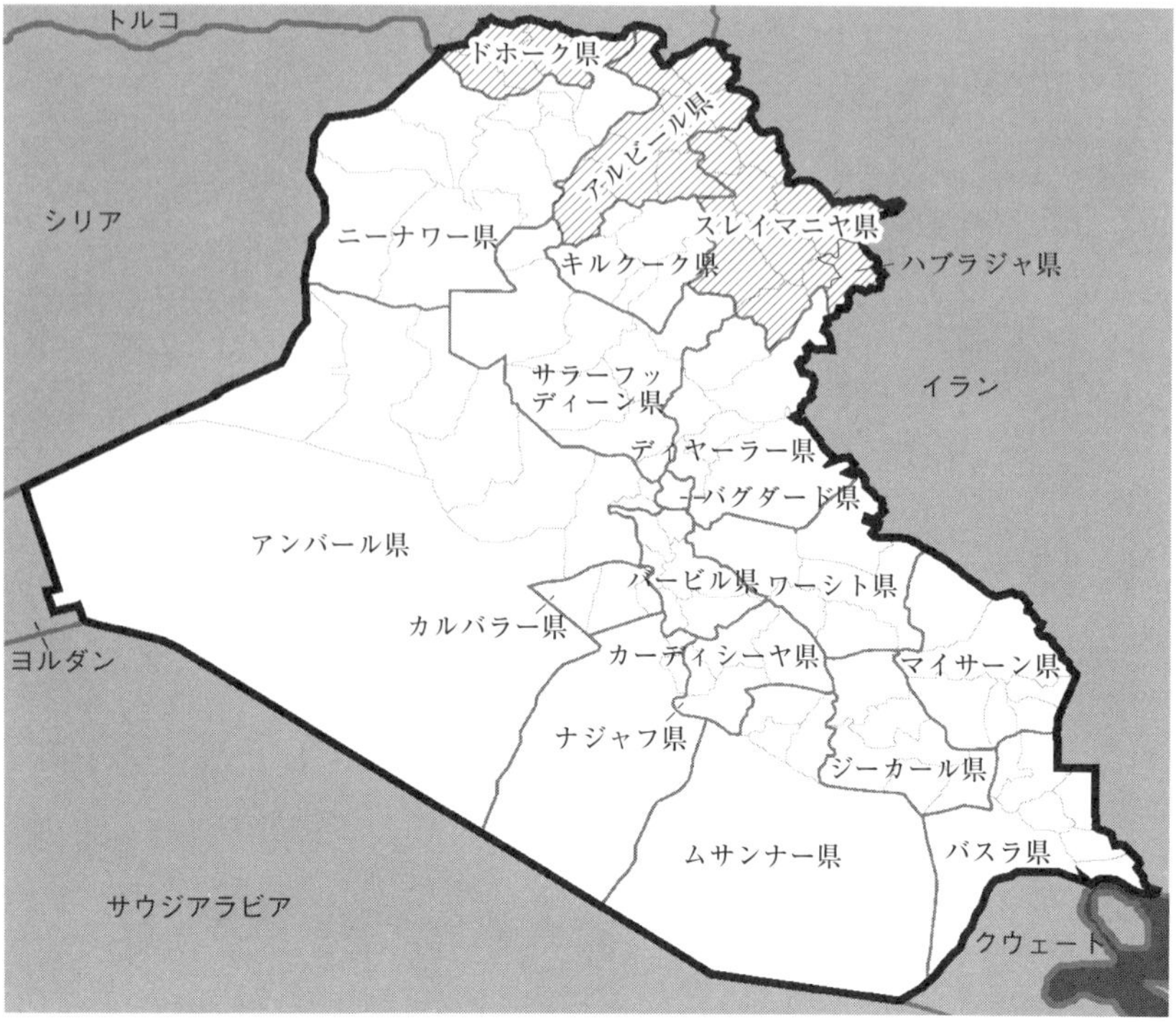

地図１　イラク地方行政区画地図

クルディスタン

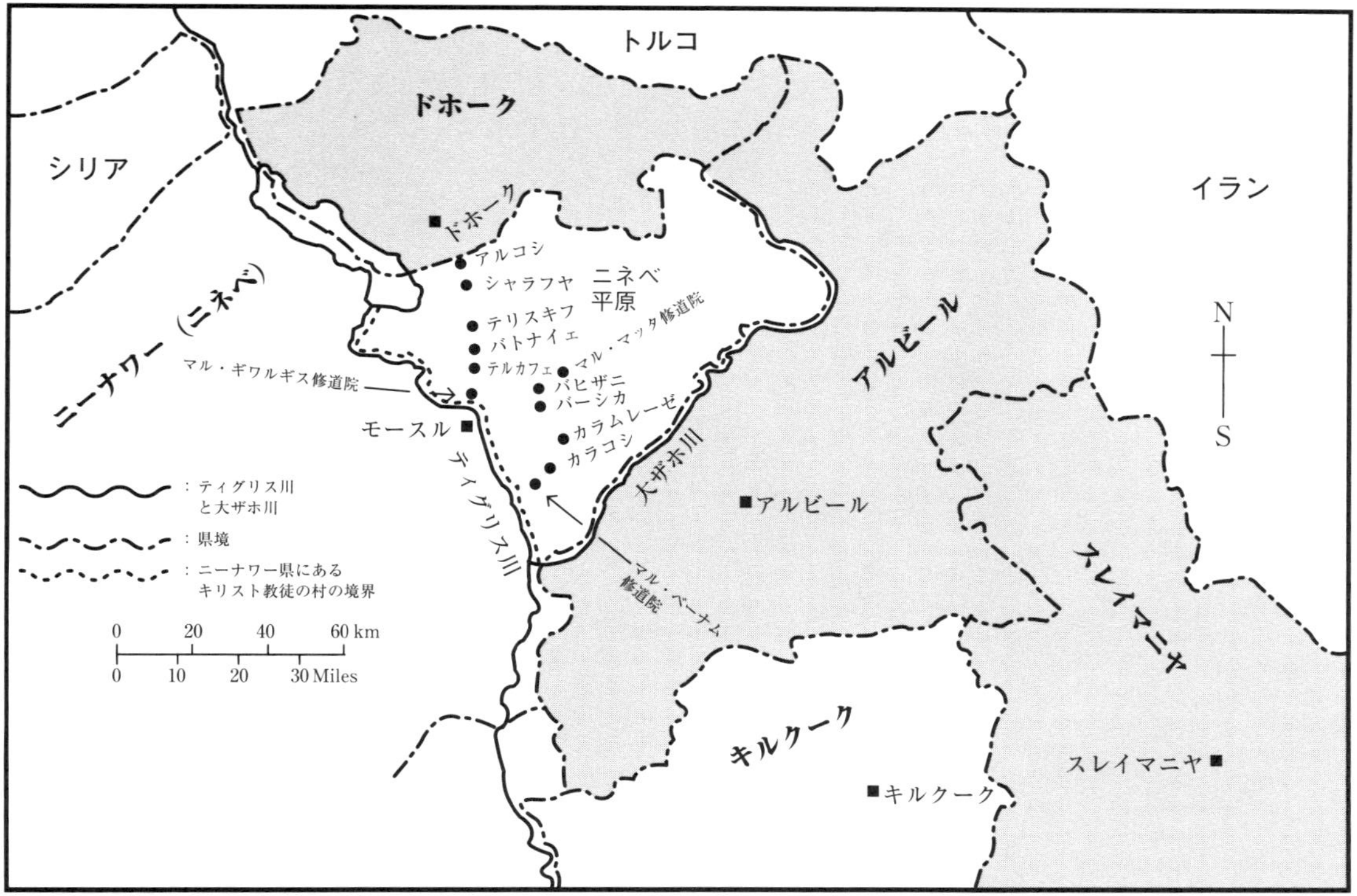

地図２　ニネベ平原のキリスト教徒地域

【著者略歴】

スハ・ラッサム（Suha Rassam）

モースルの医師の家族の中で生まれる。バグダッド大学医学部で助教授として教える。1990年に、さらなる医学の研究のために英国に渡る。それ以来、ロンドンの病院で働く。医学博士。同時に、ロンドン大学東洋アフリカ研究所（SOAS）で東方キリスト教について研究し、修士号を取得。東方教会について英語で書かれた資料が乏しいことに気づき、本書の第一版を2005年に出版。さらに、さまざまな会議等で講演を重ね、欧米の人たちにも中東のキリスト教、特にイラクのキリスト教についての知識が次第に浸透しつつあることを感じている。2008年には「教会に特別に貢献した婦人」、2016年に「聖墳墓メダル」を授与された。イラク・キリスト教徒救援協会（ICIN）理事。

【訳者略歴】

浜島　敏（はまじま・びん）

1937年、愛知県で生まれる。67年明治学院大学大学院文学研究科英文学専攻修了。68年四国学院大学赴任、2004年定年退職。現在同大学名誉教授。1974～75年、英国内外聖書協会、大英図書館、オックスフォード大学図書館、1995年～96年、ロンドン大学、ヘブライ大学等にて在外研究。2006年、日本聖書協会より聖書事業功労者として表彰。英語学、聖書翻訳に関する著書、論文多数。聖書コレクターとして現在800冊あまりの聖書を蔵書。

編集協力：根本 美加子

編集・DTP制作：株式会社エニウェイ

『イラクのキリスト教』別冊

十字架の道を辿る

2018年6月25日　第1版第1刷発行

著　者　スハ・ラッサム

訳　者　浜　島　　敏

発行所　株式会社キリスト新聞社

出版事業課

〒162-0814 東京都新宿区新小川町9-1

電話03(5579)2432

URL. http//www.kirishin.com

E-Mail. support@kirishin.com

印刷所　モリモト印刷

ISBN978-4-87395-742-5 C0016（日キ販）

Printed in Japan